サッカーで大事なことは、すべてゲームの中にある

クローズアップ　世界トップクラスの技術とアイデア

西部 謙司

出版芸術社

サッカーで大事なことは、すべてゲームの中にある

クローズアップ　世界トップクラスの技術とアイデア

目次 CONTENTS

欧州クラブ編

はじめに

サッカーで大事なことは、すべてゲームの中にある。

しかしゲームの中でプレーは絶え間なく続き、何か記憶すべき出来事が起こっても数秒でアップデートされていく。建築家は「神は細部に宿る」というけれども、それはサッカーでも同じである。最も重要なのは戦術でも作戦でも選手交代でもなく、瞬間瞬間に起こっている「何か」なのだ。

ゲーム中の瞬間を切り取って、図と解説を添えたのがこの本の内容だ。それが延々と続くので、もしかしたら興味のない人には単調きわまりない読み物かもしれない。けれども、どうしてもコレを書いておきたかった。本当は書きたかったのではなく、読みたかった。誰かが書いてくれないかなと思っていた。どうしても大雑把になる宿命の戦術論ではなく、選手の内面に迫ったノンフィクションでもなく、文化的背景に彩られたサッカーの周辺でもなく。サッカーそのものについて、読みたいと思った。

そして、ディエゴ・フォルランのシュートを見たときに決めた。誰もやってくれないなら、自分がやってみようと。

本来なら、技術のエキスパートである元選手やコーチが解説をしてくれれば良いと思う。実際、テレビ中継の解説者としてそういう役割は果たしてくれているのだが、ゲームはどんどん進んでいくので、1つのプレーについていつまでも話しているわけにはいかない。そもそも時を止めてプレーを分析する、とりわけ文字に変換する作業に彼らは慣れていない。なら、やってみようかという気になった。

コンフェデレーションズカップのナイジェリア戦でフォルランの放った美しいシュートは、簡単そうに見えて意外と難しいシュートの1つだった。右側からのパスを、左足のほうに流しながらダイレクトで蹴っている。簡単そうに見える、だがプレーヤーならそんなに簡単でないことが体験的にわかるシュートだろう。

サッカーフリークはサッカーの話さえしていれば、たいがい幸せである。話題は多岐にわたる。ただ、その中でもとくに盛り上がるのは素晴らしいワンプレーについてだ。フォルランのシュートの素晴らしさについて、ウルグアイ人なら30分は語れるかもしれない。香川の切り返しについて、イニエスタのターンについて、ネイマールの加速について、僕らは喜々として「瞬間」を語る。時を止め、その一瞬に起きたディテールに光を当てる。そしてより多くの人々に語り継がれた瞬間は、やがて伝説として永遠の命を得る。細部は神になるわけだ。

ブラジルで開催されたコンフェデレーションズカップは、翌年に行われるワールドカップのプレ大会という位置づけになっている。開催国のブラジルがスペインを下して優勝したが、W杯本大会やユーロやコパアメリカに比べれば親善試合に近い扱いといえるかもしれない。だが、忘れ去るには惜しい細部がたくさんあった。フォルランの一撃を見たとき、これをなかったことにはしたくないと思った。W杯優勝を決めるゴールなら、放っておいても語り継がれていく。しかし、コンフェデレーションズカップのグループリーグではそうもいかない。だから、勝手ながらホメてあげたくなったわけだ。

ホメ役として実力不足は承知しているが、誰かがホメておくべきだろうという使命感にかられてしまった。とりあげたのはコンフェデレーションズカップと、2013-14シーズンのヨーロッパリーグのいくつかのゲームである。もし可能なら、とりあげた場面を映像で確認してもらえると、いっそう楽しめるはずなので是非。

2013年10月

西部謙司

装幀――――ゴトウアキヒロ
イラスト――佐藤右志
カバー写真――アフロ

※本文イラストの線の説明
――――ボールの動き
～～～～選手の動き
…………選手の目線・意識

コンフェデ編

FIFA Confederations Cup 2013

technique ①

オスカールのフリック

［ブラジルVSイタリア　24分］

マルセロからのバックパスを受けたエルナネスはフリー。エルナネスから前方のオスカールへ縦パスが出ると、オスカールはこれをフリック。フリーで抜け出したネイマールがドリブルでペナルティーエリアへ入ってシュート、右へ外れる。

ゾーンディフェンスが急速に普及していったのは１９８０年代の終わりごろからだった。ＡＣミランによるゾーンとプレッシングを組み合わせた戦術が劇的な効果をあげ、それを模倣するチームが続々と現れている。90年代にはゾーンとプレッシングを合わせた守備戦術が一般化し、21世紀に入るとほとんどのチームはこの守備戦術を行うようになった。

何かが定着すれば、それに対抗する動きも出てくるのがサッカーの歴史だ。ゾーンディフェンスの隙間にパスをつないで攻撃する戦術が注目されるようになる。その中心はバルセロナとスペイン代表。もちろんこちらの戦術も広まっていって、いまやゾーンディフェンスの普及と同様に一般化しつつある。

コンフェデレーションズカップのグループＡの最終戦、ブラジルVSイタリアでもゾーンの間につなぐ攻撃の典型ともいえるプレーが前半24分にあった。

この試合、イタリアは中心選手のピルロとデロッシを欠き、４―４―１―１の布陣でまず守備を固める作戦を立てている。ディフェンスラインの４人と中盤の４人がコンパクトな４―４のブロックを作り、その

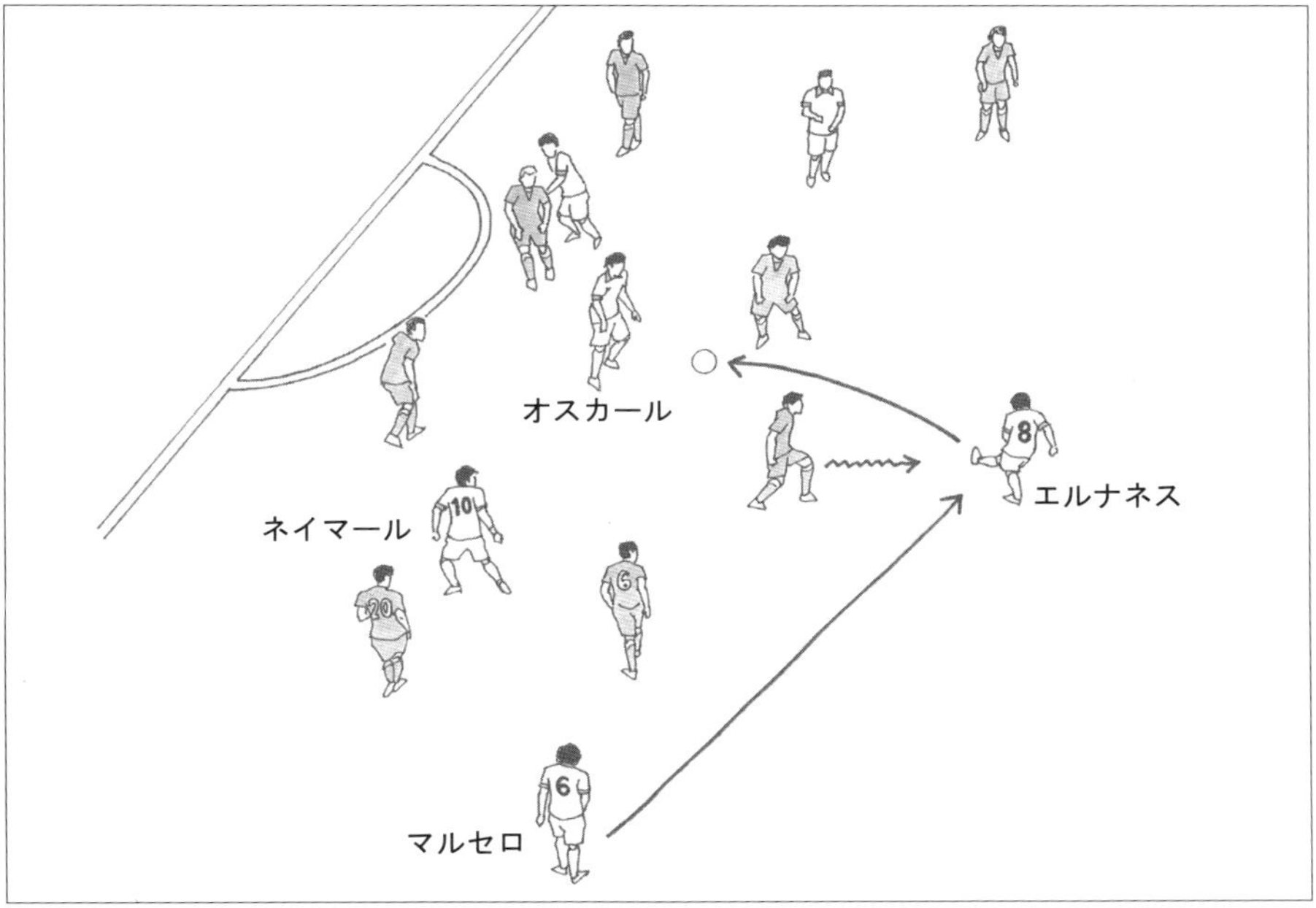

エルナネスは左サイドのマルセロからバックパスを受ける。イタリアのMFがエルナネスへ向かった瞬間に、エルナネスはイタリアの守備ブロックの中心にいるオスカールへパス。

ゾーンの網に引っかけようという守り方である。90年代に普及した典型的なゾーンディフェンスだ。これに対して、ブラジルは当然のごとく「間につなぐ」という典型的なゾーン攻略法でシュートへ持ち込んだわけだ。

左サイドにボールを運んだブラジルに対し、イタリアが4―4の守備ブロックをセットしたところから見てみよう。左サイドに出たマルセロから、サポートについたエルナネスへボールが戻される。イタリアは整然と4―4のブロックを敷いて隙を見せない。注目すべきはオスカールのポジショニングだ。イタリアの中央のMF2人の中間にポジショニングをとっている。ゾーンの「間」、あるいは「隙間」と呼ばれる場所に立った。

このシーンのポイントとして、ボールを持っているエルナネスへのプレッシャーがなかったことが第一にあげられる。そのためにオスカールを挟んでいたイタリアのMFの1人が前に出てエルナネスへ釣り出されてしまう。エルナネスからオスカールへの縦パスが出たのはその瞬間だった。もし、エルナネスへ釣り出されずにイタリアのMFがポジションをキープできていれば、オスカールへのパスが出た瞬間に挟み込んで

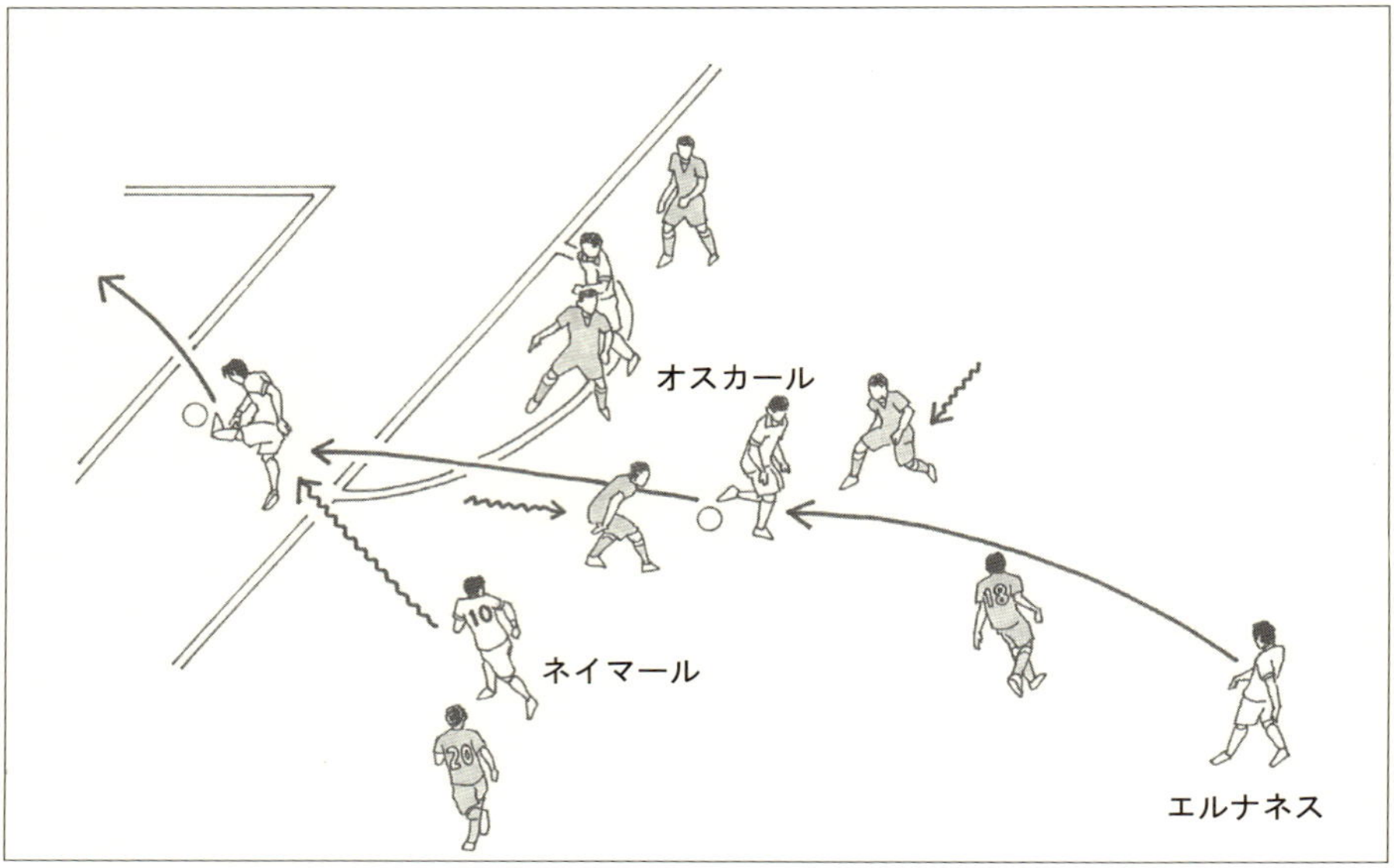

エルナネスからの縦パスを受けたオスカールは、イタリアのMFとDFに挟まれる前にボールをワンタッチでフリックして、ネイマールへボールを流す。

ボールを奪うか、少なくともネイマールへのラストパスを阻止できたかもしれない。理想をいえば、前線から1人が戻ってエルナネスへプレッシャーをかけていれば、MFのラインから1人が釣り出されることもなく、そもそもエルナネスからオスカールへのパスもなかったかもしれない。しかし、それは理想をいえばという話。イタリアにとって先決である4―4ブロックはできていて、その手前で相手がフリーになるのは想定内といえる。

ブロックの中で自由にやらせないことが優先なのだ。その点では、最初にマルセロのブロック内への侵入を許さずにバックパスを選択させたのだから、イタリアの守備は成立していた。エルナネスはブロックの手前でフリーになっているが、今度は中盤のラインから1人が出て対応し、同時に他の選手が中央へ絞り込んでいけば中央を固められる。エルナネスにもっとプレスをかけられれば完璧だが、イタリアは定石どおりの守備ができているといっていい。

第二のポイント、そしてこのシーンで決定的なプレーがオスカールの「フリック」だった。

オスカールはイタリアのMF2人の間にポジション

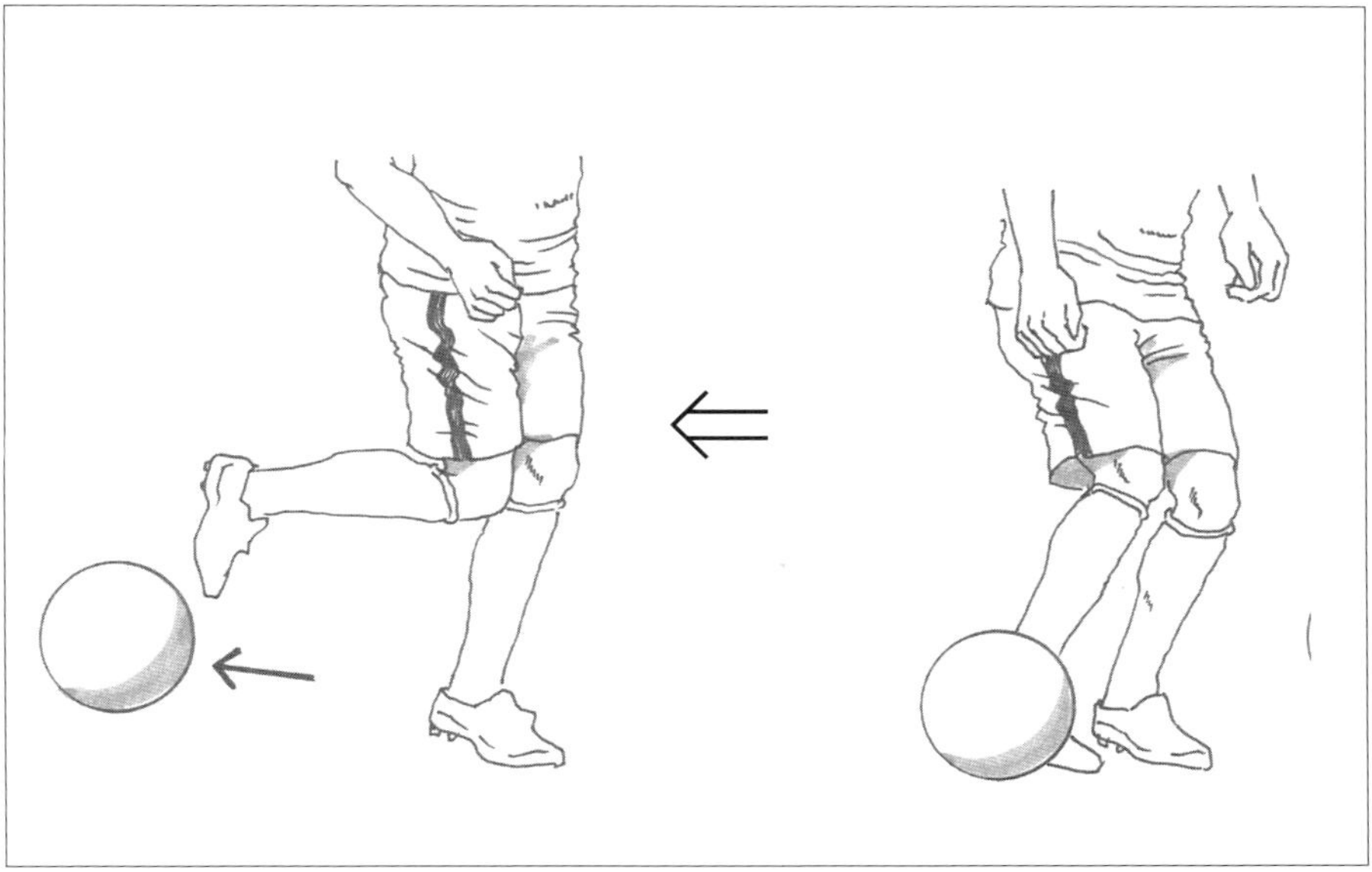

ワンタッチでパスの方向を変えるフリック。予備動作がほとんどなく、パスの方向も読まれにくい

をとった時点で、すでにエルナネスに対してパスを要求していた。しかし、実際にパスが出たのはその少し後で、オスカールを挟んでいたMFの1人がエルナネスへ向かった瞬間である。エルナネスは、2人に挟まれていたオスカールがMFとDFの2つのラインの中間に入ったことを目視している。俯瞰で見れば、2人のMFと2人のセンターバックで形成される四角形のちょうど中心の位置だ。ここへパスをつなげば高い確率でチャンスになる。オスカールを挟んでいたMFの1人が前に動いた瞬間、エルナネスは待ってましたとばかりオスカールへパスした。

動きには方向性がある。「矢印が出ている」と表現する選手もいる。エルナネスへ向かって動き出した選手についていえば、エルナネスの方向へ「矢印が出ている」ということになる。そうすると矢印以外の方向へは動けない。つまり、エルナネスはオスカールへのパスがカットされる心配がないと確信してパスを出している。

一方、オスカールは挟まれている状況でもパスを要求していた。おそらくその時点ですでにアイデアは決まっていたのだろう。エルナネスからの縦パスをオスカールは「フリック」する。フリックとは、ボールのコースを変えるパスのことだ。カカトやアウトサイドなどを使って、軽いタッチでボールの軌道を変える。イタリアはオスカールに対して3人が囲みに動いていた。オスカールの左側にいたMF、さらにディフェンスラインから1人が前に出て、前後からサンドイッチにすべく動いた。オスカールは挟まれる前にボールをワンタッチでフリックしてネイマールへ流す。

オスカールのフリックによって、びっしり固められているかに見えたイタリアの守備ブロックは一気に崩壊していった。ゾーンの隙間へパスをつなぐことで、そこへ相手の「矢印」を集中させる。ゾーンを収縮させる。そうすると収縮したぶん、その周囲は必然的にスペースが空いてしまう。このケースではオスカールへ「矢印」が集中したことで、ネイマールのスペースが空いた。フリーでボールを受けたネイマールは一気に加速、イタリアがポジションを修正する前にシュートを放っている。

このシーンでなぜ「フリック」が決定的かというと、ゾーン攻略の定石である「間につなぐ」は諸刃の剣だからだ。確かにゾーンには隙間が生じやすく、そこへつなげば守備のズレとスペースが生じやすい。しかし一方で、守備側はボールを受けた選手を囲い込んでの奪取を狙っているのだ。「間へつなぐ」は肉を切らせて骨を断つ攻め方で、守備の網が収縮しきる前にボールを逃がさなければ、文字どおり網に絡め取られてしまう。攻撃側が守備ブロックの隙間にボールを入れることで収縮を誘うのと同じく、守備側もそこへボールを入れさせて一気に潰そうと待っているわけだ。

そこでフリックが大きな意味を持つ。まず、ワンタッチパスなので守備網に引っかかる前にボールを逃がしやすい。さらにパスの方向を読まれにくい。守備側はボールホルダーへの囲い込みと同時に、そこから出てくるパスを読んでインタセプトを狙っている。ボールホルダーに厳しいプレッシャーを与えれば、そこから逃がされるボールのコースは限定されて予測しやすい。ところが、フリックは予備動作がほとんどないために意表をつかれて後手に回りやすいのだ。

ゾーンの隙間にパスを入れても、普通に止めてパスをするだけではカットされる危険も大きい。攻略の定石となっている「間へつなぐ」パスワークで、フリックは非常に重要なテクニックになっている。

technique ②

ネイマールのフリック

［ブラジルVSイタリア　43分］

ルイス・グスタボからネイマールへ縦パス。
ネイマールは右足で立ち足の後ろを通すトリッキーなフリックでフレッジに渡す。
フレッジのワンタッチパスをシュートするが、シュートコースに入ったキエッリーニに当たる。

ブラジルはフィニッシュへかけてフリックを有効に使っていた。イタリア戦43分のプレーは、ネイマールがフリックを使ったフレッジとの壁パスでフリーになり、ミドルシュートを放ったもの。

ブラジルが右サイドから中央へボールを戻し、ルイス・グスタボがルックアップ、前方には中央にマーカーを背負ったフレッジ、左にネイマールが引いてきている。ルイス・グスタボはネイマールへのパスを選択する。ネイマールの背後からはマッジョが寄せてきており、中央からはアクイラーニがプレッシャーをかけた。ネイマールは2人に当たられる寸前に右足のフリックで自分の背後にいるフレッジへパス、すかさずターンして寄せてきていた2人のイタリア人を置き去りにし、フレッジからのリターンをシュートする。

このシーンでのネイマールはいわゆるゾーンの隙間でパスを受けているわけではない。マッジョのマークから少し距離をとるために戻りながら受けている。人と人の間で曖昧な位置どりをしていたのではなく、明確にマッジョにマークされている状態だ。ルイス・グスタボが前方を見たときには厳しく貼りつかれていないとはいえ、パスが足下へくるときにはマッジョがすぐ近くまでくるであろうと予想できる。ただ、ル

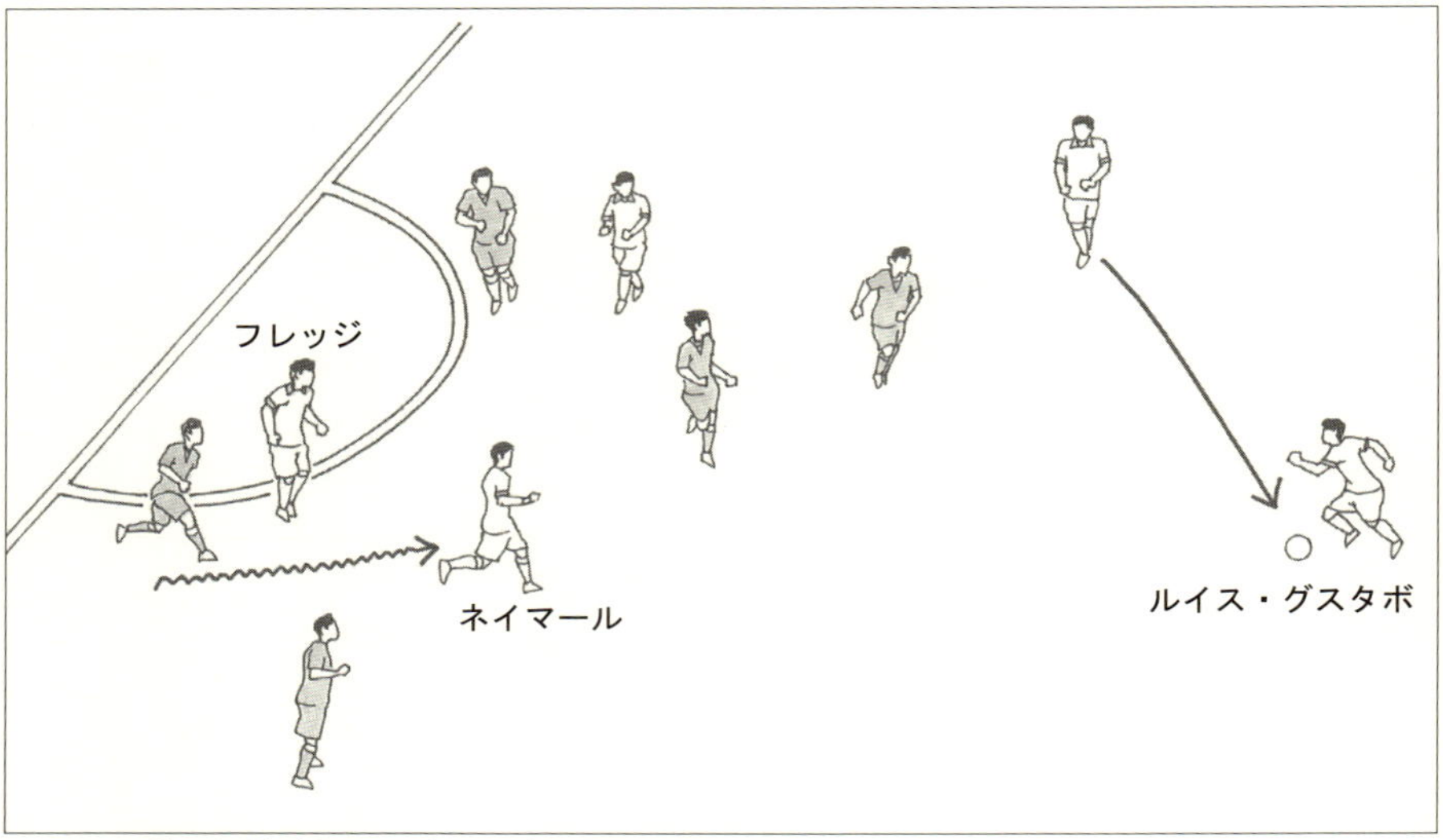

ルイス・グスタボが右サイドからパスを受ける。
中央にはマーカーを背負ったフレッジ、左にはネイマールが引いてきている。

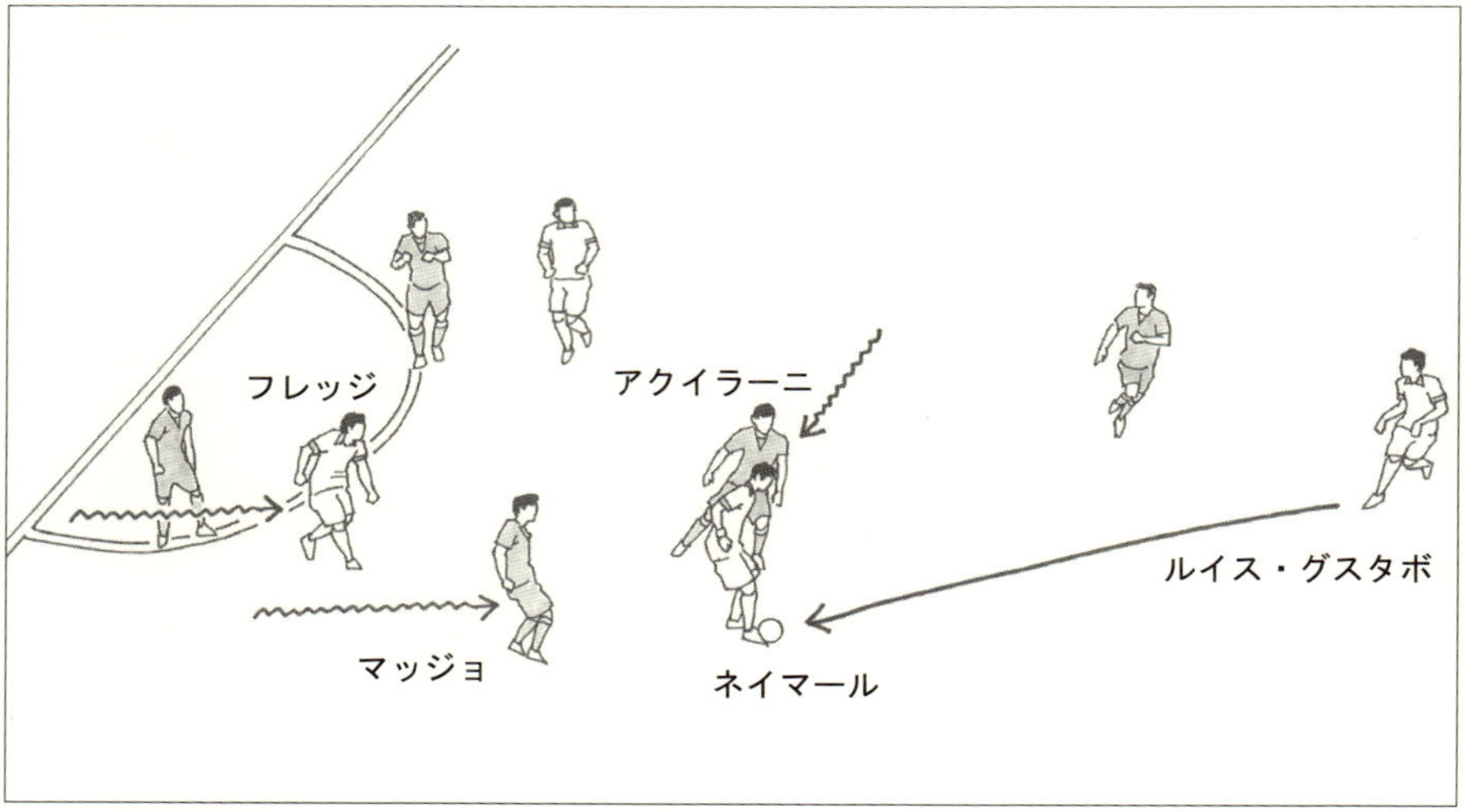

ルイス・グスタボはネイマールへのパスを選択。
ネイマールにはマッジョとアクイラーニが寄せてきている。

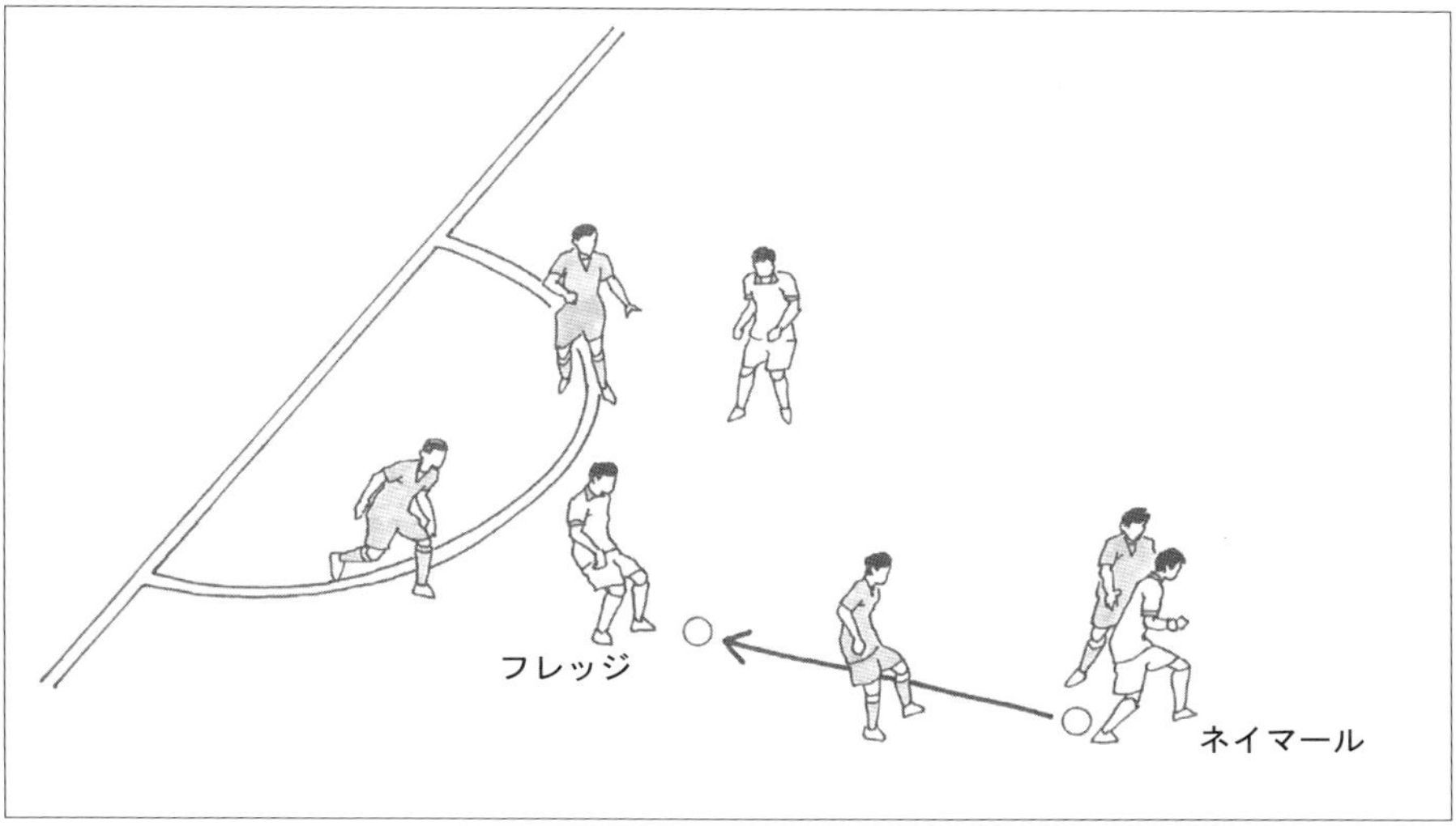

ネイマールは右足で立ち足の後ろを通すフリックで、フレッジにボールを渡す。

イス・グスタボとすればフレッジよりもネイマールのほうが預けやすい状況である。ボールがネイマールに到達した時点で、背後からマッジョ、ネイマールの左側にはアクイラーニがきた。ネイマールへの寄せはアクイラーニのほうが早く、ネイマールは左へはボールを持ち出せない。マッジョも間近に迫っている。右側へは逃げられるかもしれないが、そうするとそのまま外へ追い出されてしまっただろう。

ネイマールへ向かうイタリア選手（マッジョとアクイラーニ）の「矢印」を見てみよう。どちらもネイマールへ向かっていて、マッジョがピッチの縦方向、アクイラーニは横方向である。まず、ネイマールは先にプレスにきたアクイラーニにボールを晒さないように遠いほうの右足でタッチする。同時に、縦方向に迫ってくるマッジョの少し横を通過するパスコースを選択、立ち足の後ろを通して意表をついているのでマッジョはカットできない。

このフリック1つでイタリア選手2人を引きつけ、ボールをフレッジに逃がした後にアクイラーニと入れ替わるようにターンした。イタリア選手2人の矢印がネイマールの位置で交差する寸前にパスを出して軽や

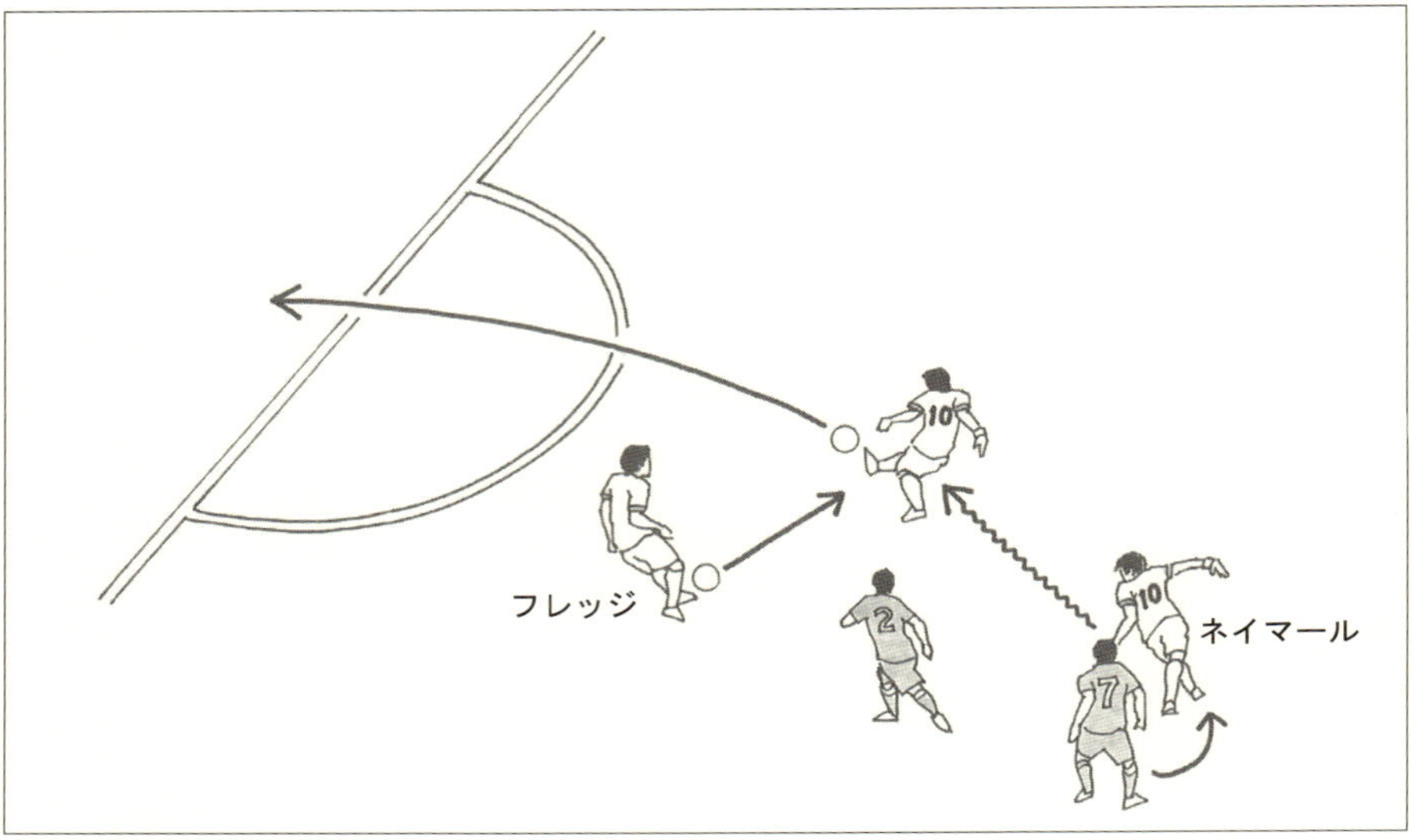

ネイマールは反転してゴールに向かい、フレッジからのワンタッチパスを受けてシュート

かに脱出。「間へつなぐ」というプレーではないが、相手2人を引きつけてフレッジにスペースを作っている点で効果は同じだ。しかし、それよりも注目したいのはネイマールのフリックのやり方である。

フリックの方法は大まかに2つある。1つはアウトサイドを使って自分の後方へボールを流す方法、もう1つはネイマールのように立ち足の後ろを通すパスだ。インサイドを使ったフリックが少ないのは、それだと体の向きを調整しないと立ち足にボールが当たってしまう。例えば、右足で自分の左側へフリックする場合、左足を動かさないと背中側にボールを流すことができない。左足を引いて体を開けば、守備者はパスコースを予測しやすくなる。このケースでは左足のアウトサイドを使うか、立ち足の左足を動かさずにその後ろへボールを通したほうが予測されにくく、意表をつくこともできる。フリックは体の向きを調整しなくてもパスが出せる、つまり守備側にコースを予測されにくいところに最大の利点があるわけだ。

ところでJリーグでフリックの名手といえば浦和レッズの柏木陽介だが、柏木は日本代表に招集された際にザッケローニ監督から再三ボールを受けるときの

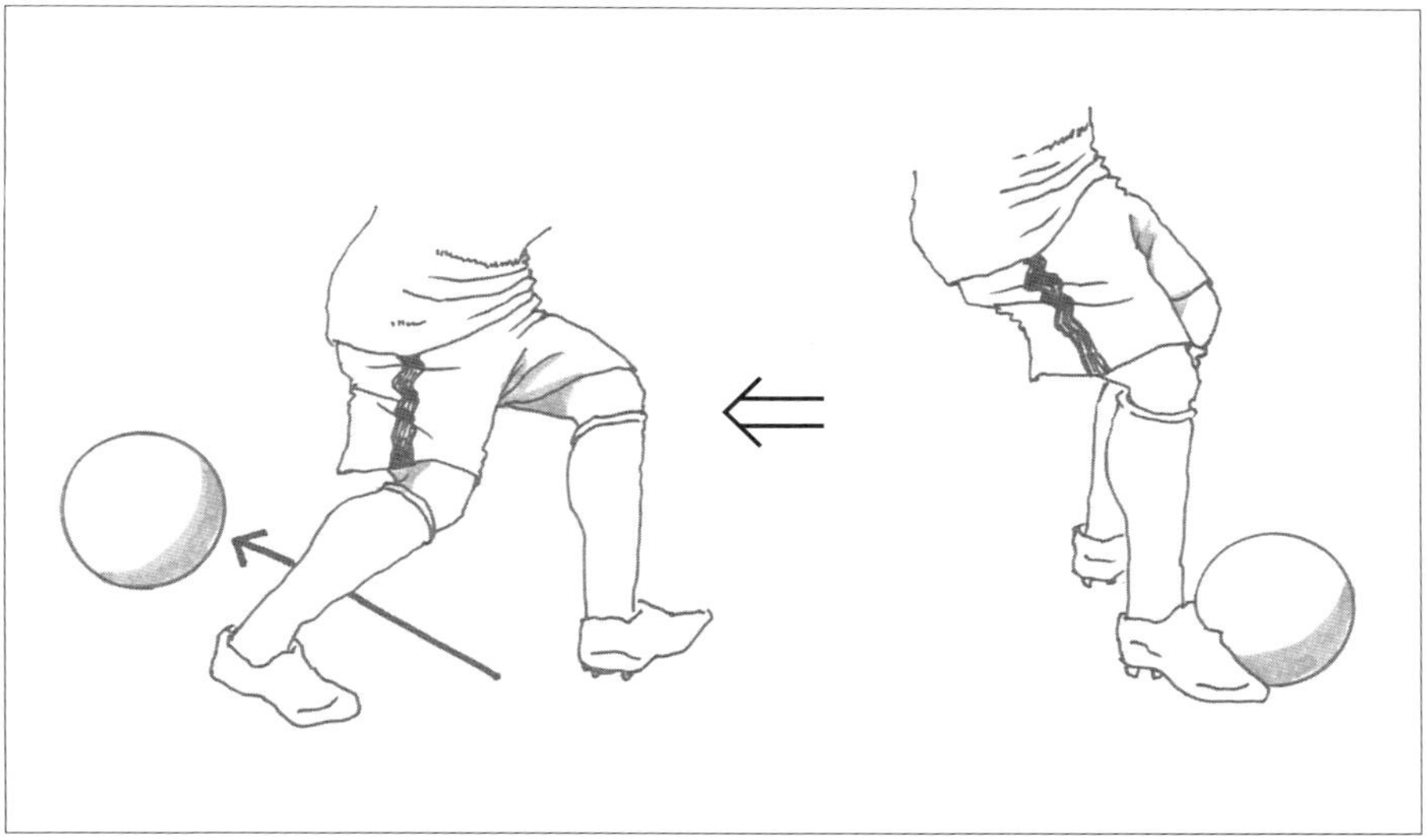

立ち足の後ろを通して、角度を変えてボールを後方に流すフリック

体の向きが悪いと指摘されたそうだ。ザッケローニ監督は、「体をゴール方向へ向けながらパスを受けなさい」と注意したという。ところが、ゴールに背を向けてパスを受けるのは柏木にとって得意のフリックへのカモフラージュなのだ。半身でパスを受けろというザッケローニ監督の指摘はセオリーどおりなのだが、フリックするなら半身になるよりもゴールに背を向けていた方がボールを流しやすい。アウトにしても、立ち足の後ろを通すにしても、半身の状態からボールを流すのは難易度が高くなるし、相手の意表をつくという点でも向いていない。

その後、柏木が代表に招集されなくなったことと、この体の向きうんぬんが関係しているかどうかはわからないが、ザッケローニ監督のようにフリックというプレーが内包している軽さや不安定さを好まない指導者はいる。ただし、アタッキング・サードにおけるフリックの重要性は近年ますます高まっているのは確かだ。

前記したように、相手がゾーンのブロックを作って守っているのに対して、最も効果的な攻略はゾーンの隙間へのパスと広く認識されている。その際、フリックの重要性は高く、むしろそれなしでは成立しないケースも少なくない。もはやフリックはたんなるトリッキーなパスではなく必須の技術といっていいだろう。

フリックの技術自体はそれほど難しくない。守備者の動きの「矢印」から少しズラしてしまえばカットされる危険は少なく、スペースへボールを流すだけなので精度もさほど神経を使わないですむ。周囲の守備者が自分に寄せている状況で使うので、相手はすぐにフリックに反応して動き直すことはできない、その間に味方がボールを拾える場所に緩くボールが転がっていれば十分だ。

とはいえ、寄せてきた相手がフリックを感知する場合もある。そのときは少しボールを浮かすといい。守備者は走りながらとっさに足を上げてカットするのが難しく、ヒザの高さまで上げてしまえばまずカットされない。ところが、アウトで浮かすのは簡単でも、立ち足の後ろを通すフリックでボールを浮かすのはかなり難しい。そこまで細工ができればフリックに関してはパーフェクトなのだが、トッププロでもほとんどそうしたプレーはしていない。立ち足の後ろを通すフリックは、相手にとっては予測が難しいのであえて浮かさなければいけない状況にもなりにくいのだが、フリックの重要度が増している今日の流れからすれば、いずれは立ち足の裏を通しながらボールを浮かせるテクニックも一般的になるのかもしれない。

technique ③

フレッジの右手一本で相手を制してのシュート

［ブラジルVSイタリア　66分］

マルセロからイタリアのディフェンスライン裏へ出た浮き球のパスをコントロールしたフレッジは、左足のももで前にボールを出しながら抜ける。キエッリーニが必死に体を寄せていくが右腕をキエッリーニの前に入れたフレッジは持ちこたえたまま前進してシュート、3―1と突き放す得点となった。

ブラジルのストライカー、フレッジはボールコントロールに優れ、得点能力があるだけでなく、フィジカルコンタクトの強さを兼ね備えている。センターフォワードらしい1トップだ。

この得点シーンは中盤のこぼれ球を拾ったマルセロが、素早くイタリアのディフェンスラインの裏へ正確なフィードをしたところから始まっている。裏へ落ちるボールへ反応したフレッジはコントロールしながら抜け出すが、右後方からキエッリーニが寄せてきた。

フレッジは左足のももでボールを前へ押し出して前進、このときキエッリーニはフレッジの右肩を左手でつかみ、後方へ引っぱろうとしている。しかしほぼ同時にフレッジもキエッリーニの体の前へ右手を差し入れ、キエッリーニの腹のあたりのユニフォームをわし

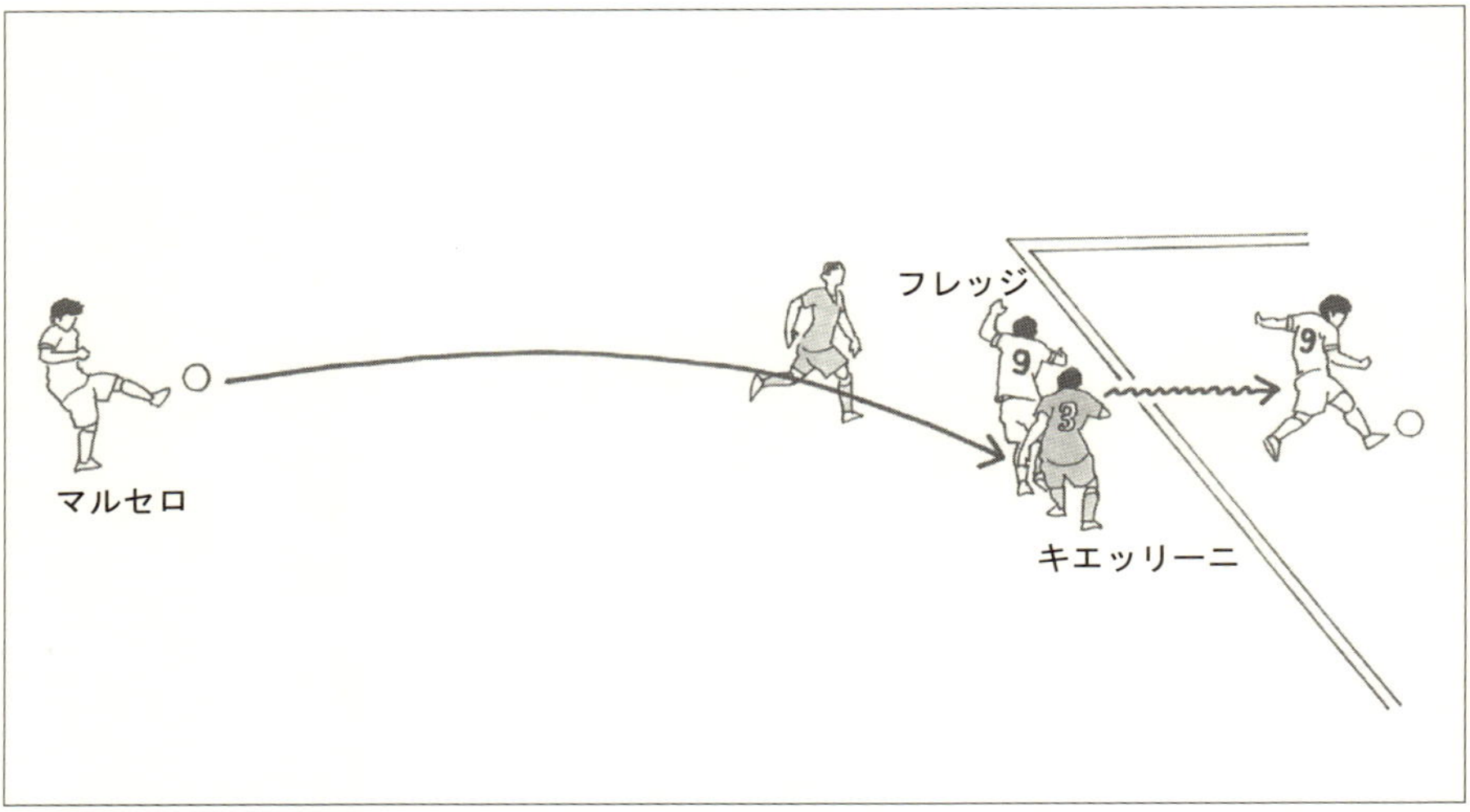

マルセロからイタリアDFラインの裏に出た浮き球のパスをコントロールしたフレッジは、背後から激しくプレッシャーをかけるキエッリーニを右手で制しながらシュート

づかみした。この右腕の使い方が得点を生んだ。

フレッジの右肩をつかむキエッリーニ、そしてキエッリーニの腹のユニフォームをつかむフレッジ、両者はつかみ合ったままペナルティーエリア内を進むが、最後はフレッジがキエッリーニのマークを振りほどいて左足でシュートを決める。もし、フレッジが右手で相手のユニフォームをつかんでいなければ、キエッリーニに肩を引っぱられて体勢を崩していたに違いない。フレッジが倒れてしまえばＰＫの可能性はあった。しかし、安易にＰＫ獲得を狙わず、強引にシュートへ持っていったところにストライカーとしての矜持を感じる。

イタリアのＤＦは狡猾だ。フレッジの右肩をつかんだキエッリーニだが、フレッジが体勢を崩した瞬間に手を離して何もしていないようなアピールをするだろう。その演技にレフェリーがダマされる可能性もある。また、ＰＫを与えたとしても得点になると決まったわけではない。ゴールを守るのは名手ブッフォンである。そのままフレッジにシュートされるよりマシかもしれない。

ところがフレッジは倒れなかった。

相手のシャツをつかむことで、相手が自分の前に出るのを防ぐだけでなく、倒されないように自分のバランスを保つことができる

走っている最中に肩や腕を少し引かれただけでも大きくバランスを崩してしまうことがある。それが大げさだとレフェリーに判断されれば、シミュレーションをとられてしまうことすらある。フレッジが倒れなかったのは、キエッリーニの腹あたりのユニフォームをつかんでいたからだ。フレッジの右腕はキエッリーニの体についたままロックされた状態になっていた。キエッリーニはフレッジの肩を引っぱりながら左足を伸ばしてボールに触れようとするが届かない。なおも左手で肩をつかんでフレッジの前に出ようとするのだが、フレッジの腕が自分の前にあるので、肩を引っぱってもそのぶんフレッジの腕で自分も制御されてしまう格好になっていた。

フレッジは肩を引っぱられても右腕を固定しているのでバランスが崩れなかった。そのまま体の右半分をキエッリーニの前に入れたまま突進、キエッリーニはついにバランスを崩して転倒、フレッジはユニフォームから手を離してシュート体勢へ移行している。

厳密にはユニフォームをつかんでいるフレッジのプレーはファウルなのだが、後方から2人を見ている主審からはまずわからない。副審もフレッジの右腕がキエッリーニの前にあるとはわかっても、ユニフォームをつかんでいるかどうかまでは見えにくいだろう。いずれにしてもフレッジもキエッリーニも反則をしているわけだが、先に体を入れているフレッジのファウルをとられる可能性は低いと思われる。

DFと競り合いながら前進するとき、FWが相手のユニフォームをつかむ行為はわりと頻繁に行われている。こういうときは「つかめ」と教える指導者もいる。DFは体を寄せて何としてでもFWの前進を阻もうとするが、センターバックの大半はキエッリーニのように長身で体重もあり、コンタクトプレーに強い選手だ。彼らにまともに当たられたり、押されたりすれば、どうしてもバランスを崩してしまう。それを避けるためにユニフォームをつかんでおく。ユニフォームをつかめば、相手のコンタクトにバランスを崩したときに相手にもその影響を与えられる。最悪、自分が倒れたとしても相手も倒せる。倒れる前にユニフォームから手を離しておけば、相手のファウルもアピールできる。

フレッジは大柄で体幹も強く、腕力もあるだろう。ただ、競り合いはパワーがすべてではない。このケースでは、フレッジがキエッリーニの体の前に腕を差し込んで前進を阻んだこと、同時にユニフォームをつかんで相手のチャージ（ファウル）に持ちこたえられるようにしたことが決定的だった。それなしには強靱なフレッジといえどもシュートまで体勢をキープすることはできなかっただろう。PKを得たかどうかはわからないが、シュートには持ち込めなかったと思われる。

technique ④

スペインのティキ・タカ①

［ナイジェリアVSスペイン　3分］

スペインはゴールキックから13本のパスをつないで最後はジョルディ・アルバがドリブルで切り込んでフィニッシュ、先制ゴールをゲットした。ジョルディ・アルバの密集を突破したドリブルも見事だが、そこまでのパスワークがスペインらしい。

ナイジェリアの攻め込みの後、ＧＫビクトル・バルデスのゴールキックから13本ものパスをつないだスペインはジョルディ・アルバの個人技から先制ゴールを決めた。このシーンにはスペインのパスワーク〝ティキ・タカ〟の真髄が含まれている。

いくつかの場面に分けてみる。まず、シーン１はセスクからペドロへのパス。これはパスワークの基本中の基本なのだが、ボールを持っているセスクの左右にイニエスタとチャビがいて、２つのパスコースを作っている。こうして忠実にトライアングルを形成していくのはスペインの特徴である。

しかし、この場面ではセスクの左前方にいるイニエスタは相手選手にマークされていてパスを出しにくく、右横のチャビも相手にウォッチされている。そこでペドロが素早く引いてきてパスを受けた。これもスペインらしい動きだ。セスクは自分の前に立ち塞がる相手と、チャビを見ている相手の間にパスを通している。相手が〝門〟になったところを通したわけだが、相手が門になったのはイニエスタとチャビが基本どおりに左右にパスコースを作るポジショニングをしたからだ。左右のパスコースを作っても、どちらへもパスを出しにくい状況だった。ということは、その間は通

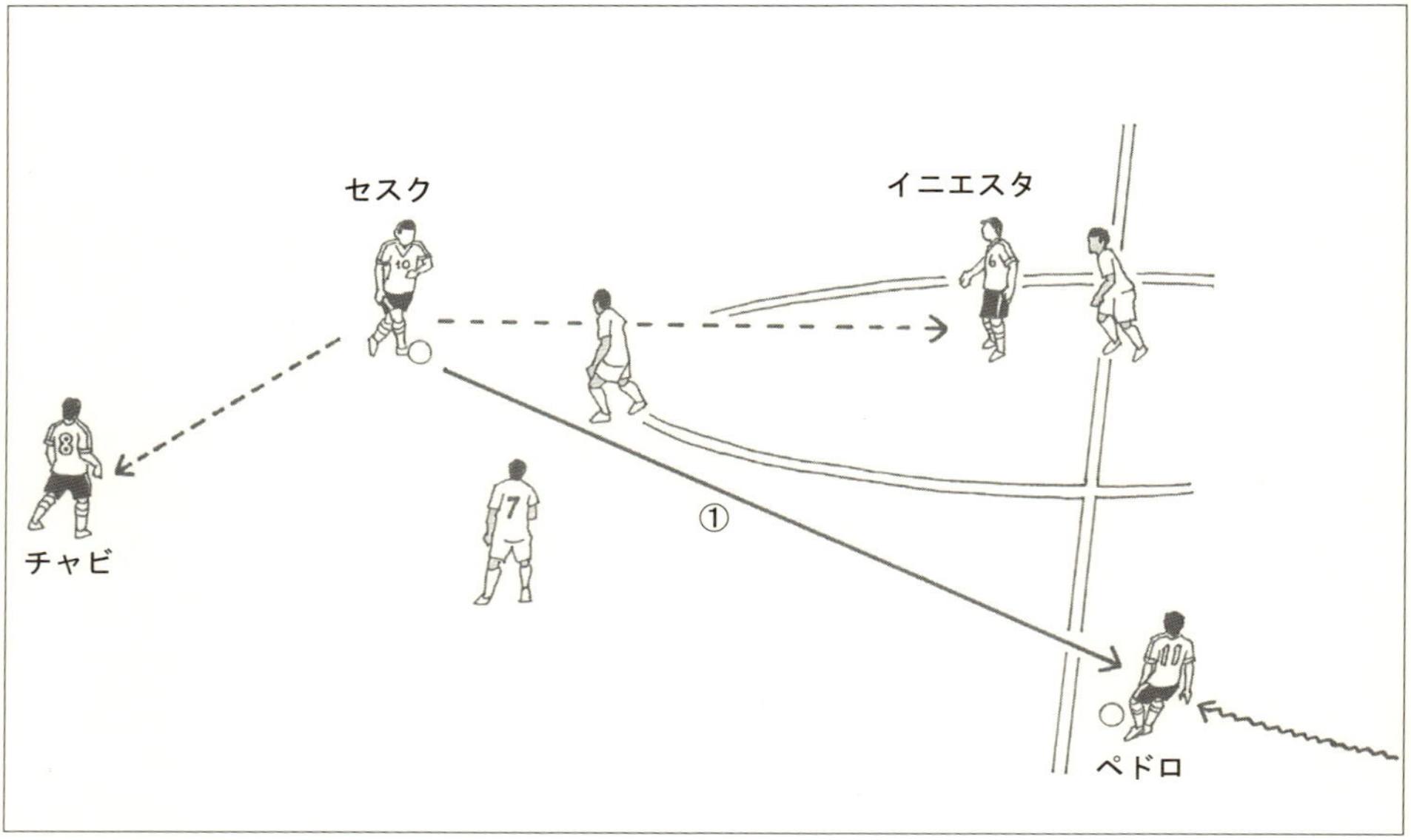

①ボールを持っているセスクの左にイニエスタ、右にチャビがポジショニングし、パスコースを作るが、イニエスタもチャビも敵にウオッチされている。そこでペドロが敵の選手の「門」の間に引いてきてパスを受ける

しやすい。ペドロはそれを知っているので前線から素早く引いてきて、左右のほかに門の間という3つめのパスコースを作っている。

①左右にパスコースを作る、②なければその間（ペドロのコース）。理屈は非常に単純だ。けれども、スペインほどスムーズにポジションをとるチームはない。ここではそうならなかったが③もある、①と②がダメなら、バックパスでやり直すという選択だ。スペインはその見切りも早い。こうしたパスコースを作る動きと、瞬時に複数の選択の中から最善のものを選ぶ判断。この2つを常に行っていて非常にスムーズにやれるところにスペインの強みがあるわけだ。

ただ、ここまではどのチームでも行っている基本である。スペインらしさは、続くパスワークにより顕著に表れている。

シーン2は、ペドロからチャビに戻したボールがセスクに入ったところから。このときのイニエスタのポジションに注目したい。イニエスタはセスクに対峙している相手と、その右側（セスクから見れば左）の選手の中間にいる。さらに2人の相手選手よりも相手ゴール側、つまり2人の斜め後ろにいる。このポジショ

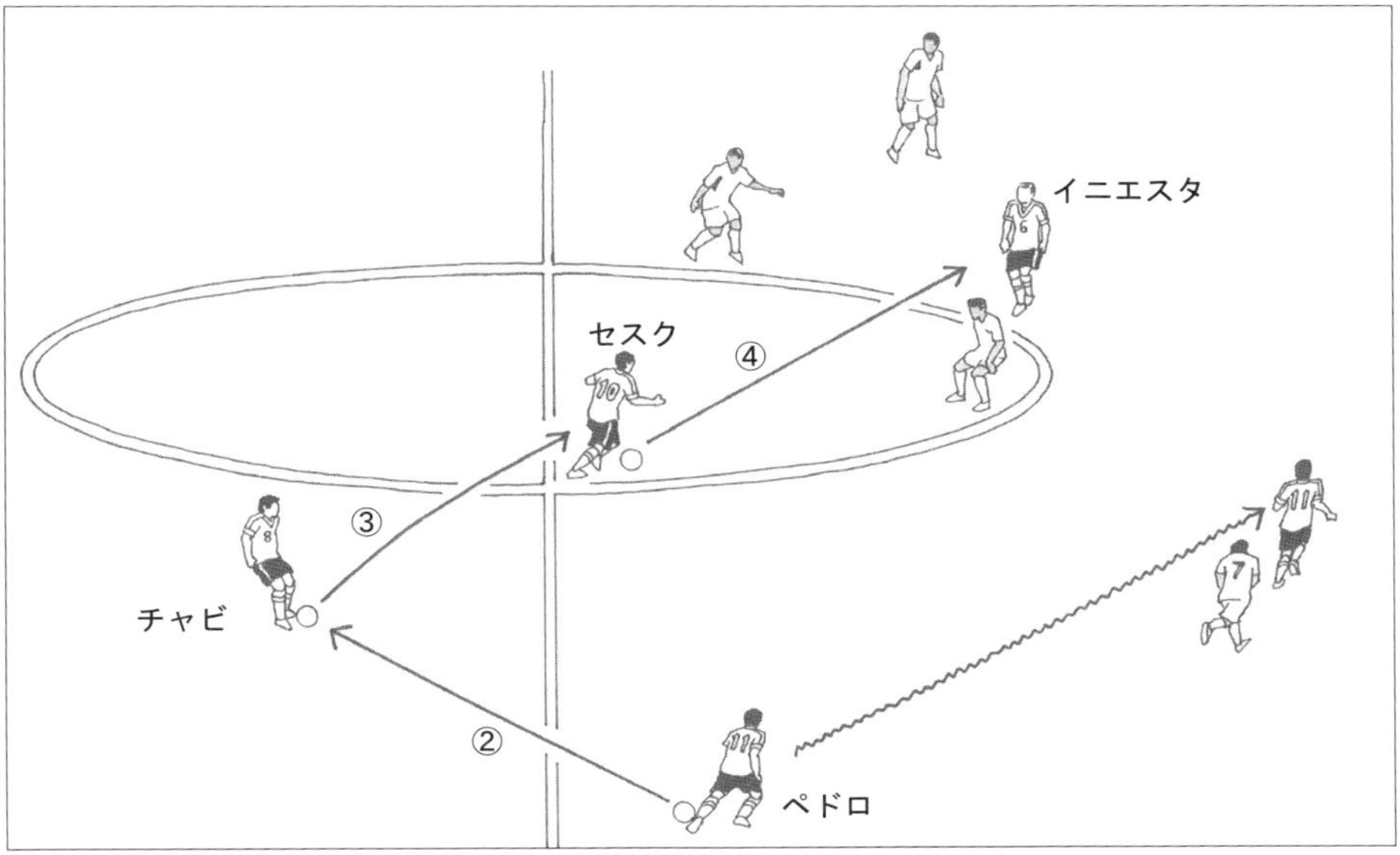

②パスを受けたペドロはチャビにボールを戻す。
③チャビからセスクへパス。
④セスクは２人の敵選手の斜め後ろでフリーになっているイニエスタへパス

ニングがキーポイントだ。

この場面でイニエスタにはマークがついていないフリーの状態である。しかし、この位置よりも前方へ動いてしまうとナイジェリアのディフェンスラインに近くなって、かえってマークされやすくなってしまう。相手選手のすぐ後ろ、この位置が正解なのだ。ここへつながれると相手はすぐにイニエスタへアタックすることができない。もしターンされて前進されてしまえば、ディフェンスラインから誰かが前に出てイニエスタに対応するしかなくなる。そうなると前線にいるスペインの選手のマークをズラすことになり、ナイジェリアにとっては最悪に近い形になる。

そこで、セスクからイニエスタへパスが出た時点で、ナイジェリアの２人が慌ててイニエスタへプレッシャーをかけに動いた。同時に、ペドロも前方へスプリントしている。イニエスタがＭＦとＤＦの間でボールを受けられたので、これはチャンスだと感じたに違いない。イニエスタのポジショニングはそれだけナイジェリアにとっては危険で、スペインにとっては大きなチャンスにつながる、それを両チームの選手たちが感じとっていることがよくわかる場面といえる。

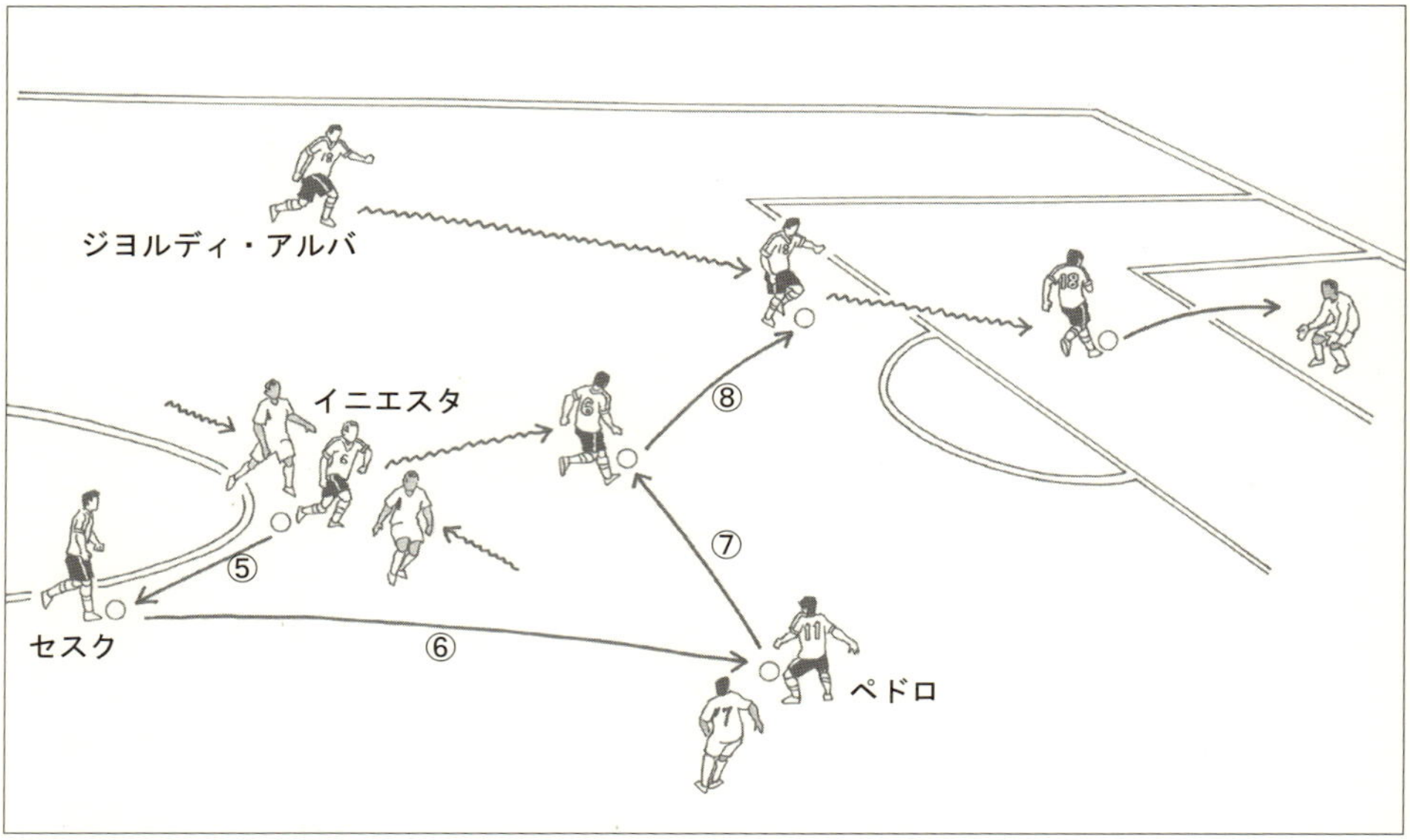

⑤セスクからのパスを受けたイニエスタはワンタッチでセスクへボールを戻す。
⑥セスクはワンタッチで右サイドのペドロへパス。
⑦ペドロもワンタッチでイニエスタへボールをはたく。
⑧イニエスタは敵DFをひきつけ、左サイドでフリーになっていたジョルディ・アルバへパス。ジョルディ・アルバはドリブルでカットインしてシュート。

イニエスタはターンしようと思えばできただろう。しかし、ナイジェリアの2選手が向かってきているので、ワンタッチでセスクへボールを戻した。ここからはワンタッチパスの連続になる。イニエスタがセスクへリターンしたのを見たペドロは前進を止め、セスクからのパスに備える。このときのペドロのポジションも、セスクの右側にいる相手の斜め後ろだ。

セスクはイニエスタからのリターンパスをワンタッチでペドロへ。ペドロにはナイジェリアの選手が戻りながらプレッシャーをかけているが、ペドロもワンタッチでイニエスタへはたく。ナイジェリアのプレスはことごとく後追いになっている。

セスクへリターンした後に前進したイニエスタへ、ペドロからワンタッチのパスが通る。最初にセスクからパスを受けたときにターンしなかったイニエスタだが、ペドロからのパスをバイタルエリアで前向きに受けているので、少し手数はかかったが結果的には最初にターンした場合と同じ有利な状況になった。セスクとのパス交換を挟んだぶん、フリーになっているのでこちらのほうがベターともいえる。イニエスタはナイジェリアのDFを引きつけて左でフリーになっていたジョルディ・アルバへ渡した。ここからジョルディ・アルバがドリブルでカットインして得点した。

現代の試合では、自陣で守るときにゾーンのブロックを作る。マンツーマンで守るチームはごくわずかで、ほとんどのチームはゾーンだ。ゾーンを破るための定石が、ゾーンの隙間へパスをつなぐことだが、最も効果的なのは相手の斜め後ろでのパス・レシーブである。相手はターンするぶんプレッシャーをかけるのに時間がかかるので、すぐにプレーを制限できない。パスを受けた選手に前を向かれてしまえば、次の守備者が釣り出されるのでマークにズレが生じてくる。このシーンでは、イニエスタのポジショニングが最大のポイントだった。イニエスタへの最初のパスをきっかけにして、ワンタッチパスが続いて攻撃がテンポアップしている。

スペインの選手は誰も全力疾走はしていないが、スムーズに適切なポジションをとれている。だからこそワンタッチで流れるようにパスがつながっているのだが、ポジショニングの正確さと無駄のなさが攻撃の「速さ」を生み出している。サッカーではたんに身体的にスピードがあるよりも、無駄のなさや技術の正確性がより速さを生むのだが、その典型的な例といえる。

※ティキ・タカとは
ショートパスの交換とポジションチェンジを頻繁におこない、複数のパスコースを確保しつつボールをゴールへと動かしていくプレー。ボールをワンタッチプレーで回し、選手間でボールが行き来する様子を擬声語で表した、もしくはスペインで発売されたアメリカンクラッカーの名前「Tiqui-taka」から採ったものだと言われている。

technique 5

スペインのティキ・タカ②

［ナイジェリアVSスペイン　43分］

中盤でボールをキープしたブスケツの右にセスク、左にイニエスタ、その中間にチャビがポジショニング。守備者の〝門〟を通す縦パスをブスケツがチャビに出すのだが、通常よりも距離は長い。ブスケツがパスを出す前に、チャビはブスケツに顔を向けたままバックステップでナイジェリアゴールへ近づいている。

パスを受けたチャビはワンタッチでサポートについたセスクにリターン、セスクがワンタッチで左サイドのジョルディ・アルバへ流すと、その間にチャビはゴール前へ。ジョルディ・アルバのクロスは合わなかったがスペインらしい崩し方だった。

このシーンの注目はチャビのバックステップである。ブスケツに顔を向けながら、そのまま少しバックステップを踏んでパスを受けている。最初のポジションでもチャビはパスを受けられたのだが、あえて少しゴール方向へ移動している。

チャビはときどきバックステップしながらパスを受ける。体をボールホルダーに正対させているのは、パスを受ける意思を明確にするとともに、すでに次のプレーを考えているからだろう。

このシーンで、チャビはわざと相手選手へ近づいている。ナイジェリアの右サイドバックのいるゾーンにバックステップで少し近づいているのだ。チャビの意図は右サイドバックを自分に引き寄せるためであり、それによって左タッチラインにいるジョルディ・アル

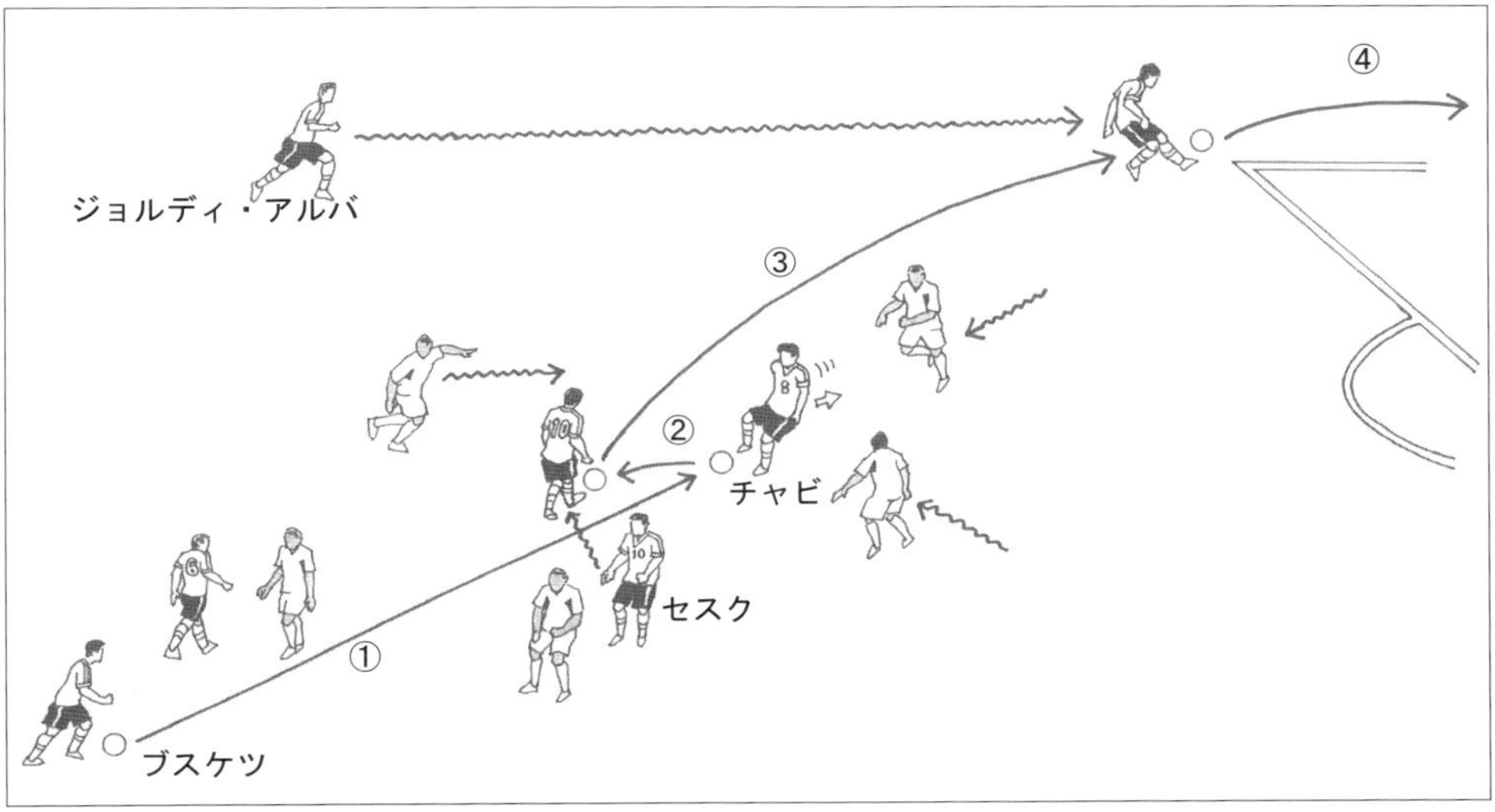

①ブスケツからチャビに縦パス。
②チャビはバックステップしながらパスを受け、ワンタッチでサポートについたセスクへパス。
③セスクはワンタッチで左サイドのジョルディ・アルバへパス。
④ジョルディ・アルバはゴール前のチャビへクロスを上げる。

バをフリーにするためだ。

ブスケツからパスが出ると、チャビの周辺にいたナイジェリア選手3人はいっせいにプレッシャーをかけた。しかし、誰のマークも受けない曖昧なポジションにいたチャビへのパスをインタセプトできるほどではない。3人が寄せてくると、チャビはワンタッチでサポートに動いたセスクへパス。セスクもワンタッチで左に開いているジョルディ・アルバへ渡す。

最初にブスケツがルックアップした段階で、セスクへのパスも選択できた。しかし、もう1つ奥にいるチャビへパスすることで、セスクへのマークが甘くなる。実際にセスクをマークしていた選手はボールを追ってチャビへ向かいセスクはフリーになった。こうした1人とばしたパスを上手く使うのもスペインの特徴だ。

セスクからジョルディ・アルバへボールが出ると、チャビはその間にゴール方向へ走り出した。ジョルディ・アルバはワンタッチでナイジェリアのディフェンスラインとGKの間へクロスを蹴る。チャビは前方へ走りながら、「ディフェンスラインとGKの間を狙え」と指さしている。ジョルディ・アルバはチラリとチャビの要求を見たのだろう、ワンタッチで蹴るがボールはファーサイドへ流れてしまった。

最初にナイジェリアのMFとDFの間にポジションをとったときから、チャビがすでにフィニッシュまでのイメージを持っていたかどうかはわからないが、おそらくそこまでのアイデアはあったと思う。相手の右サイドバックを引きつけてジョルディ・アルバをフリーにするところまでは明確なのだから、次の狙いも決まってくるからだ。

サイドへ展開されたボールに対してナイジェリアのDFがポジションを修正するのに合わせて、チャビはDFとDFの間に入り込んでマークされにくいポジションへ走り込んでいた。ジョルディ・アルバからピッタリのクロスが蹴られていれば、チャビがワンタッチでコースを変えて得点になっていたかもしれない。

いずれにしても、バックステップを踏みながらわざと相手の守備陣の懐へ入り、より相手を引きつけやすくしたのはチャビらしい仕掛けだった。

technique ⑥

ペドロのアーリークロス

［ナイジェリアVSスペイン　61分］

ペドロのクロスをフェルナンド・トーレスがヘディングシュートを決めて2―0、試合を決定づけた。中央右寄りでボールを持ったシルバが左へ展開。ジョルディ・アルバ↓シルバのパスでナイジェリア守備陣を引きつけ、左サイドでフリーになったペドロへパス。ペドロがワンタッチで中央へ折り返したところがスペインらしい。

このゴールは［ティキ・タカ②］で紹介した攻撃が得点につながったものといえる。組み立て方は違っているが、ラストパスの方法が似ているのだ。

左サイドでフリーになっていたペドロへパスが出て、ペドロはそれを左足で折り返しているがワンタッチで蹴っている。中央で引きつけてサイドをフリーにする↓サイドへ展開↓ワンタッチでGKとDFの間を狙ったクロス。この流れが同じなのだ。

ペドロがラストパスを蹴ったのはペナルティーエリアの左側の縦のラインあたりで、43分にジョルディ・アルバが蹴った位置よりもゴールに近い。ゴールラインとほぼ平行なコースへ蹴ればいいので、ジョルディ・アルバのケースよりも狙いやすかったはずだ。

サイドからのクロスボールは得点につながりやすい。とくにGKとDFの間を狙ったクロスは、DFにとっては戻りながらの守備になるのでクリアするのもマークをつかむのも難しくなる。この場面では完全にボールウォッチャーになっていて、フェルナンド・トーレスに前に入られたDFはまったくマークできていない。トーレスが自分の背後にいるときにボールを見な

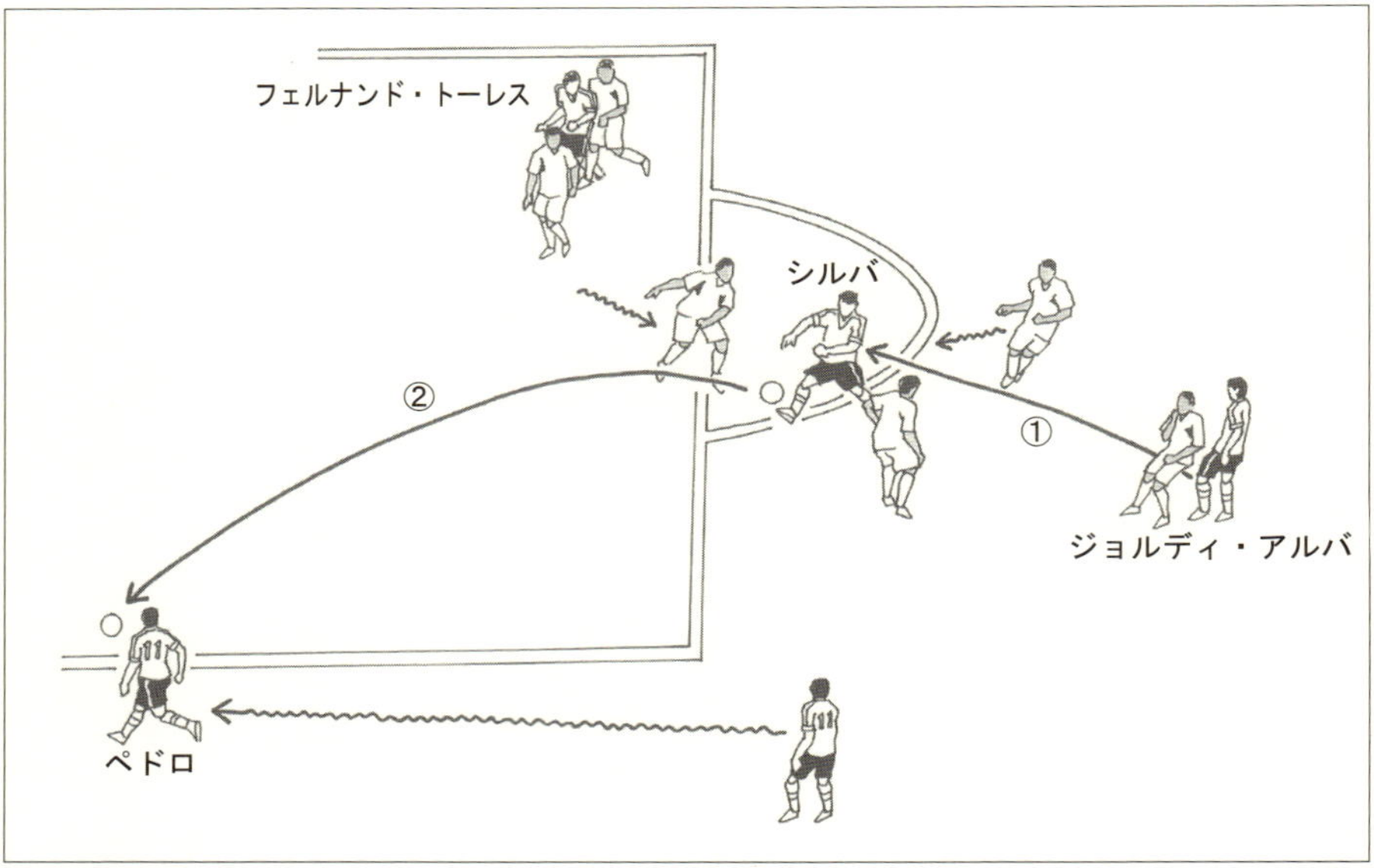

①ドリブルで上がってきたジョルディ・アルバから中央のシルバへパス。ナイジェリアの守備陣の意識を中央に引きつける。
②ジョルディ・アルバからのパスをシルバはワンタッチで左サイドのペドロへパス。

ければならなかったので、自分の前のスペースへの走り込みに対して無防備だった。

スペインのクロスが効果的なのは、ゴールに近い場所から入れていることが第一のポイントである。

同じアーリークロスであっても、タッチライン際からならば、ボールが飛んでくるうちに守備側はある程度対応する時間がある。このケースなら、フェルナンド・トーレスをもう少しマークできたかもしれない。クロスの距離が長くなれば、当然クロスの精度やスピードも必要になるのでゴールに結びつく可能性は下がる。この場面でペドロはペナルティーエリアのすぐ外から蹴っていて、この距離ならば守備側に修正に時間を与えないだけでなくピンポイントの精度も期待できるわけだ。

第二のポイントはワンタッチでクロスを蹴っていること。これも守備側に修正時間を与えないことにつながるが、逆にペドロが一度コントロールしてからクロスを蹴っていたらどうなっていただろう。おそらく、GKとDFの間にはほとんどスペースがなくなっていた。このスペースで勝負するには、タイミング的にダイレクトで入れるしかない。ワンタッチクロスはスペインが多用するラストパスである。ただ、もしGKと

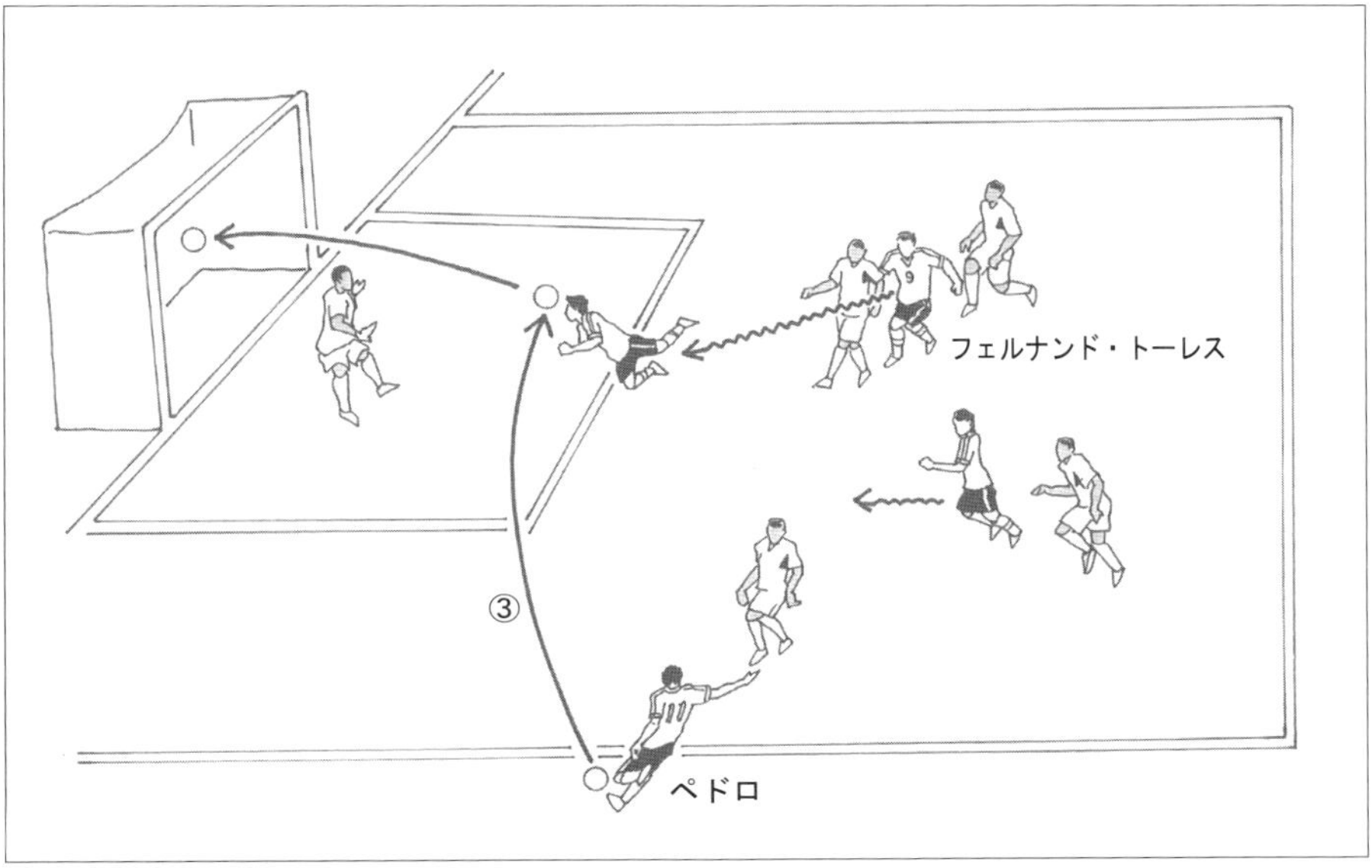

③シルバからのパスを受けたペドロはワンタッチでナイジェリアDFとGKの間へクロス。
飛び込んできたフェルナンド・トーレスがヘディングシュート。

ＤＦの間にスペースがなければ、ペドロは一度コントロールしてから戻ったＤＦの手前のスペースを狙っていたと思う。マイナスのクロス、プルバックと呼ばれるコースだ。

さて、中央へ集めてサイドへ、そこからワンタッチのクロスというのはスペインが得意とするアプローチだが、このケースでも中央への陽動が利いている。

まずシルバがドリブルしている間にジョルディ・アルバがフリーで上がってくる。その間、ペドロは左サイドへ流れてフリーになった。ペドロがフリーになれたのは、ジョルディ・アルバが上がってきて数的優位を作っただけでなく、相手の意識を中央へ集めていることも大きい。シルバからパスを受けたジョルディ・アルバは短いドリブルでナイジェリア守備陣の注意を引きつけた後、すぐにペドロへパスをしないで、いったん中央のシルバへ渡している。ドリブルに中央へのパスを加えたことで、ナイジェリアの注意は完全に中央へ集められた。シルバはジョルディ・アルバからのパスをワンタッチでペドロへ展開、そのままボックス内へ走り込んでいる。これでペドロへの対応は後手になり、余裕を持ってクロスを蹴ることができた。

technique 7

チャビのインサイド→アウトサイドのコントロール

［ナイジェリアVSスペイン　71分］

2―0となって無理をせずにパスを回すスペイン。セルヒオ・ラモスからパスを受けたチャビはイニエスタへ短いパス。イニエスタはワンタッチでチャビに戻す。このときナイジェリア選手がチャビに素早く寄せていくが、チャビは左足のインサイドで抱え込むようなコントロール、さらに右足アウトでボールをついてタックルをかわす。遅れてきたタックルに引っかかってファウルになる。

なにげないプレーだが、チャビの上手さがよく表れているシーンだと思う。実は、局面的にスペインのパスワークは〝詰んで〟いた。もし、チャビがボールを奪われていたらナイジェリアのショートカウンター炸裂で失点につながる危険さえあったはずだ。そこを巧みなボールコントロールでタックルを外し、ファウルをもらったのはチャビのテクニックのおかげである。

最初にセルヒオ・ラモスからの縦パスを受けてターンしたときチャビはフリーだった。右前のイニエスタの足下へパスして、ワンタッチのリターンを受ける。ここまではよくあるティキ・タカの風景だった。チャビからのパスを受けたときのイニエスタには背後から

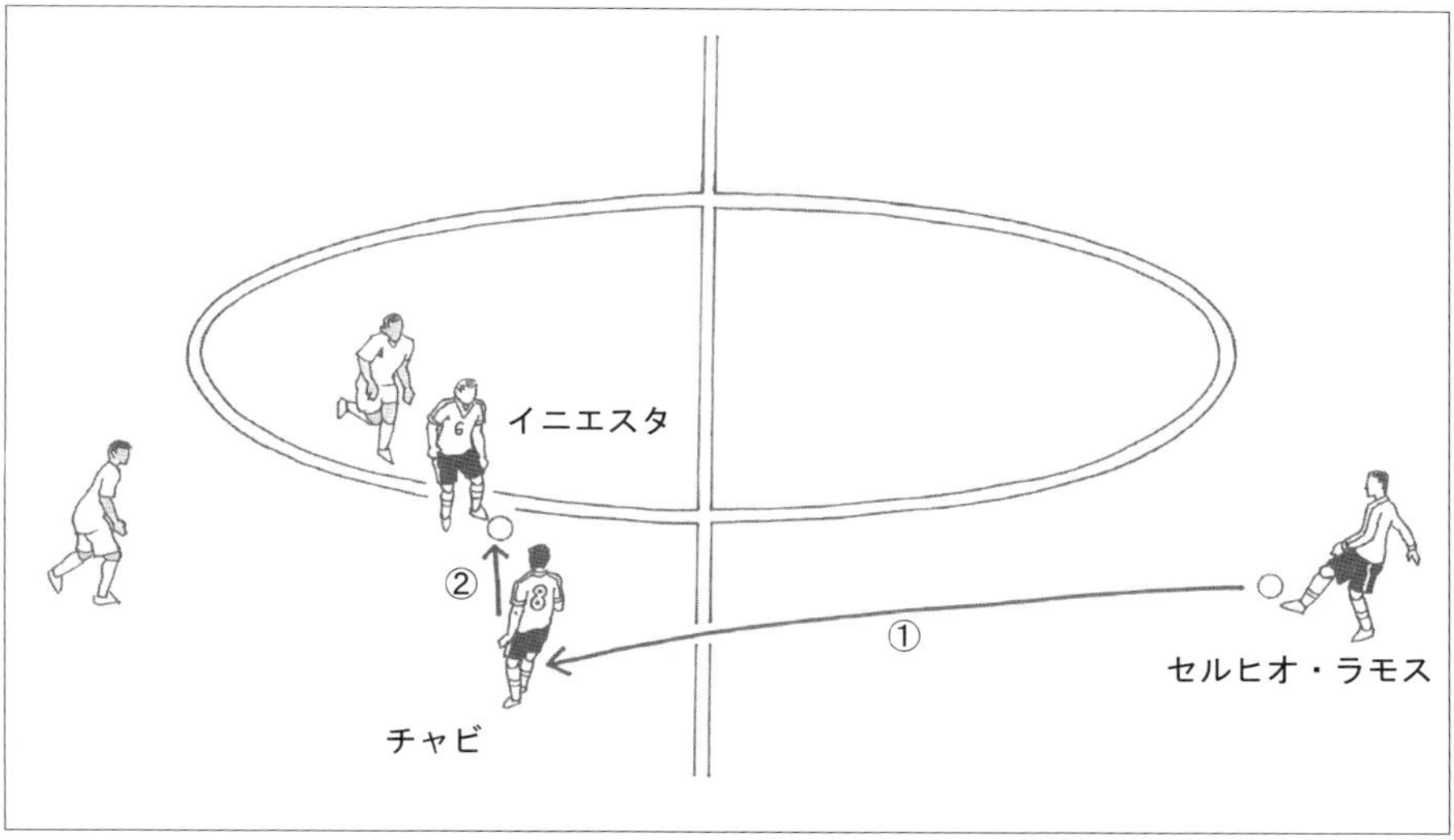

①〜②セルヒオ・ラモスからのパスを受けたチャビはイニエスタへパス。

③イニエスタはワンタッチでチャビへ戻すが、ナイジェリアの選手が素早く寄せてきた。
④チャビは左インサイド→右アウトサイドとボールをコントーロし、タックルをかわしファウルを受ける。

相手が迫っている。プレッシャーをかけられているが、それはチャビもイニエスタも承知している。短いワンタッチパスならば奪われないことがわかったうえで、あえてイニエスタの足下へリターン用のパスを出している。

ところが、ボールがリターンされた段階でチャビの左にいた選手もプレッシャーをかけられ、チャビ自身もかなり間合いを詰められてしまった。後方のセルヒオ・ラモス、ブスケツの近くにも相手がいてフリーとはいえない。しかも全員立ち止まっていて、状況的には詰んでしまっていた。どこへパスしてもナイジェリアのプレスをまともに食らってボールロストにつながる可能性は高かった。

イニエスタからのリターンが足下へ到達する間に、チャビはちらりと左の様子を確認している。しかし、そこへのパスは危険と判断したのだろう。体を開きながら左足でコントロールする体勢から、少し左足のスナップを利かせるようなタッチで自分の右足側へ素早くコントロールする。この瞬間にナイジェリアの選手はチャビに体を寄せてタックルに入るが、チャビが左足の前にボールを置かず、右足まで動かしているので届かない。チャビはさらに右足アウトでボールを動かしてタックルの圏外へボールを逃がす。このとき、遅れたナイジェリア選手の体がチャビにぶつかってファウルになった。

このシーンは、とっさに判断を変えてナイジェリアのプレスをかわしたチャビのテクニックが見せ場なのだが、右から来たボールを左足で扱う最初の体勢がポイントだ。

右から来るボールを右足で扱う場合と比べて、左足はボールを流すぶん少し時間がかかる。このわずかな時間が状況を見る余裕につながっている。このケースでは、チャビは左足で止めて、右足で左サイドにパスをするつもりだったと思う。しかし、そのパスが難しく、なおかつ自分へのプレッシャーも速かったのでボールを置く位置を変えた。この変更も左足までボールを流す時間がもたらしたものだ。

最初に右足でボールをコントロールしていたら、寄せてくる相手との間に体が入るのでボールを守るためにはいいようだが、左サイドへの展開はできなくなってしまう。イニエスタからのリターンをもらった時点では、左サイドの味方がフリーならばそこへパスをす

右からきたボールを、ボールから遠い左足でコントロール。その時間の間が周囲を見る余裕につながっている。
敵が寄せてきているのを確認したチャビは敵から遠い右足アウトサイドでボールを動かし、敵のタックルからボールを逃がした。

るだけの余裕はあったので、左足でのコントロールが正解なのだ。右足で止めたら、次のタッチでパスできるのは後方しかなかった。

プレーを変更した後、左足インサイド→右足アウトサイドで右方向へ連続的にタッチしてボールを動かしている。これはイニエスタもよくやるプレーだ。最初の左足のタッチで相手の逆をつく、そしてさらに体を寄せてくる相手をかわすために右足でもう1つボールを右へ。ファウルになったが、かわすタイミングはけっこうぎりぎりだった。とはいえ、相手の寄せ方を見切って、ボールをタックルの届かないぎりぎりの場所へ置いて逃げるチャビの動きは手慣れたもので危なげない。

technique ⑧

日本のカウンターアタックと香川のシュート①

［日本VSメキシコ　4分］

日本の最初のビッグチャンスがカウンターアタックからの香川のシュートだった。岡崎のボール奪取から始まったカウンターは前田↓香川↓前田と素早くパスをつなぎ、左サイドを駆け上がった長友へ。さらに横についた遠藤へパスが渡り、遠藤から香川へラストパスがとおる。香川はタックルをかわしてシュートしたがGKが足に当てて防いだ。

日本の特徴がよく表れた攻撃だった。まず、岡崎が自陣深くでグアルダードの切り返しをタックルして奪いとったところからカウンターが始まった。岡崎の1対1における守備の強さは、たぶんこのチームで今野、長友と並ぶぐらいだと思う。グアルダードの切り返しはけっこう深くて、普通の選手ではまずとれなかっただろう。岡崎に奪われたグアルダードは体勢を崩したが、素早く立ち上がって奪い返そうとする。このとき、岡崎はグアルダードの足の間にボールを通して抜き去り前田へパス。この股抜きも見事だった。

下がりながら岡崎のパスを受けに動いた前田はボールを止めずにそのまま香川にスルー、香川も前に出るとみせかけてボールを短く前田へ置いて走る。前田は左サイドを上がってきた長友へ展開し、これでメキシ

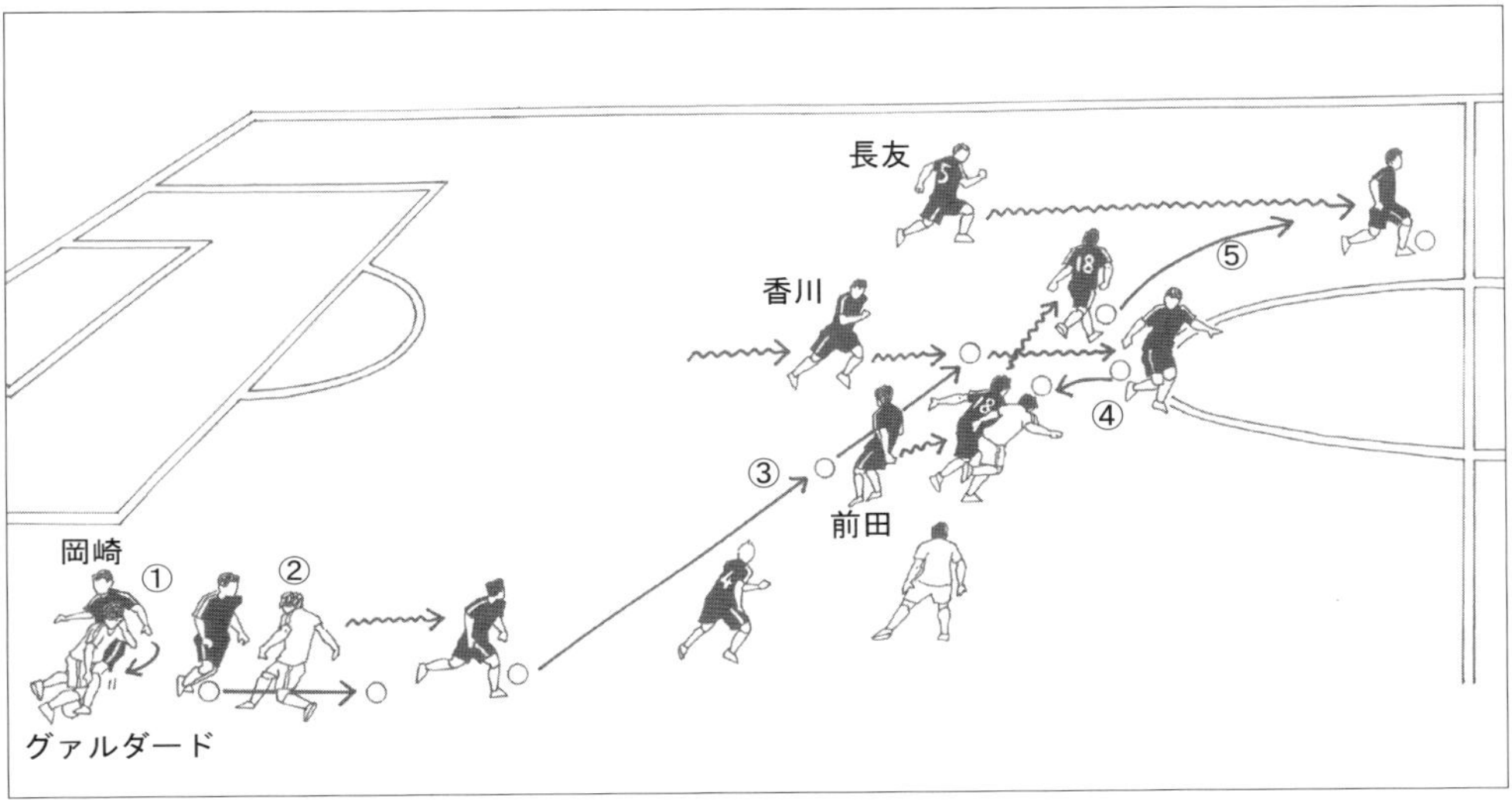

①岡崎がグァルダードからボールを奪取。
②岡崎はボールを奪い返しにきたグァルダードの股を抜いてドリブル。
③岡崎はボールをもらいに下がってきた前田にパスするが、前田はこれを香川にスルー。
④香川はボールを前田に預け、前線へ上がる。
⑤前田は左サイドを上がってきた長友へパス。

コのプレスを完全に外して一気に敵陣へ攻め込んだ。下がりながら岡崎のパスを受けようとした前田、自陣側から前田のサポートに走ってきた香川、どちらもマークされていた。どちらがボールを止めてドリブルしても、メキシコの選手に前方を塞がれてスピードダウンしていただろう。そこを前田と香川のコンビネーションでプレスを回避したのが効いている。

もう1つの注目は遠藤のパスだ。

長友の内側から上がってパスを受ける遠藤に対して、相手が飛び込んでいったがタイミングが遅かった。遠藤は飛び込んできた相手を冷静にかわして中央左寄りから右斜めへドリブルする。遠藤の選択肢は3つあった。

①ミドルシュート
②本田へのパス
③香川へのパス

遠藤が選んだのは香川へのパスだったが、他の選択についても考えてみる。まず、シュートを打とうとすれば打てたと思う。遠藤の前方を遮る相手はいなかった。しかし25メートルの距離から狙うよりは、前方の味方へパスしたほうがゴールの確率が高いと判断した

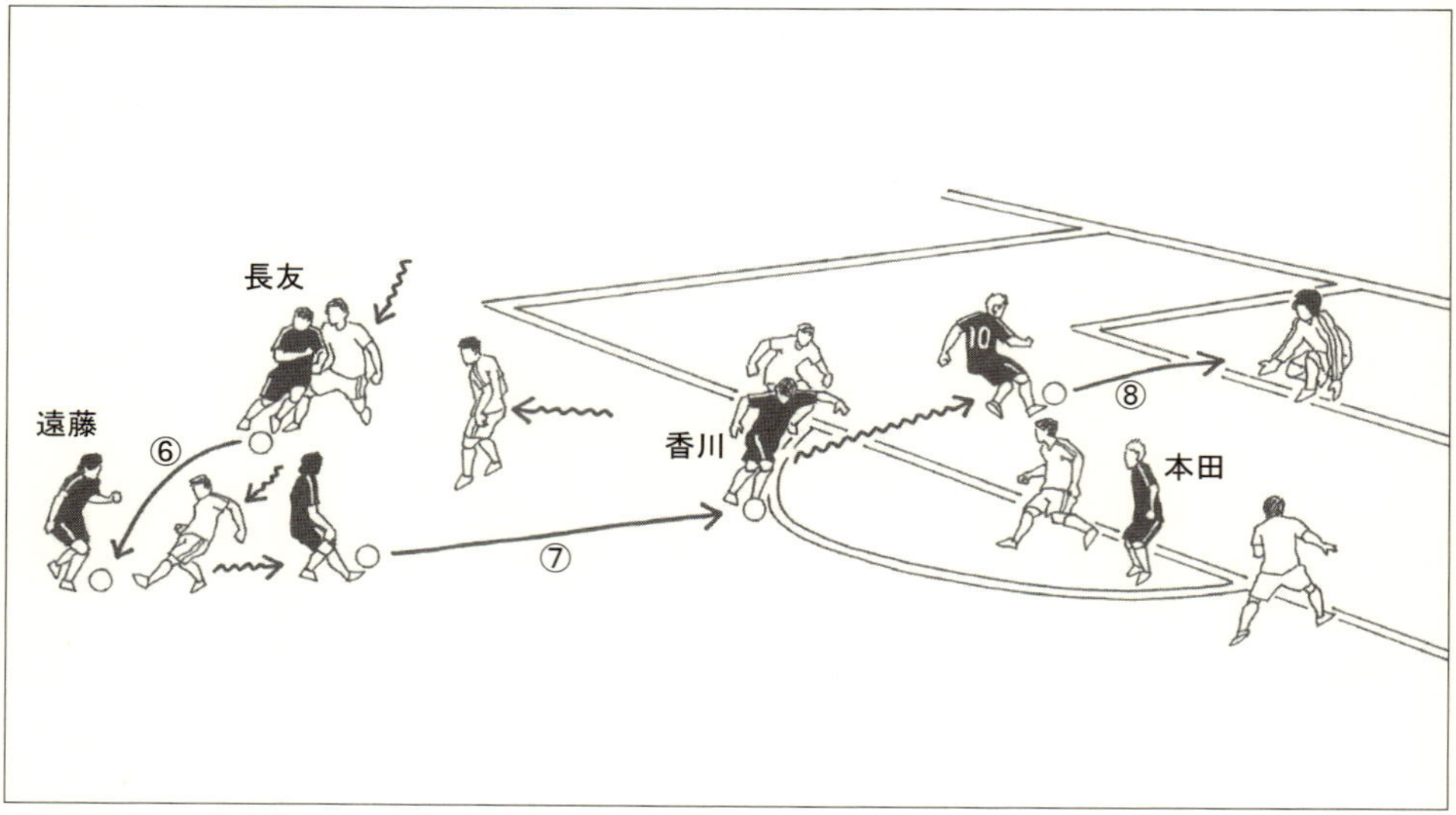

⑥長友から、長友の内側を上がってきた遠藤へパス。遠藤は敵のタックルをかわし、ドリブル。
⑦遠藤から香川へパス。
⑧香川は敵のタックルをかわしてシュート。

のだろう。もし本田であればシュートを選択していたかもしれない。

遠藤は本田へのパスも選択しなかった。メキシコのＤＦはこの状況で３人いるが、本田も香川もマークされていない。本田も香川も３人のＤＦの間に走り込んでいるので、中央にいるＤＦはどちらのマークにもいけなかった。遠藤が前進してくる可能性もあった。

ここで各選手の動きの方向性を見てみよう。中央のＤＦは本田のいる左方向へ流れている。これは遠藤がＤＦから見て左方向へ流れているからで、遠藤の前進とシュートを防ぐため、さらに遠藤の体勢からみてパスを出す可能性の高い本田への寄せを考えてのことだ。残り２人のＤＦは中央へ絞り込む動きである。本田は中央のＤＦから逃げて２人のＤＦの間でパスを受けようとしているが、本田の体勢は右半身を遠藤に向ける形だった。この体勢で遠藤からのパスを受けても、利き足の左足ではシュートできない。

遠藤は自分から見て中央のＤＦが右側へ移動していることと、本田の体勢を見て、この選択肢を捨てたに違いない。メキシコのディフェンスラインはどちらも門になっているが、本田の側のほうが門の閉じるス

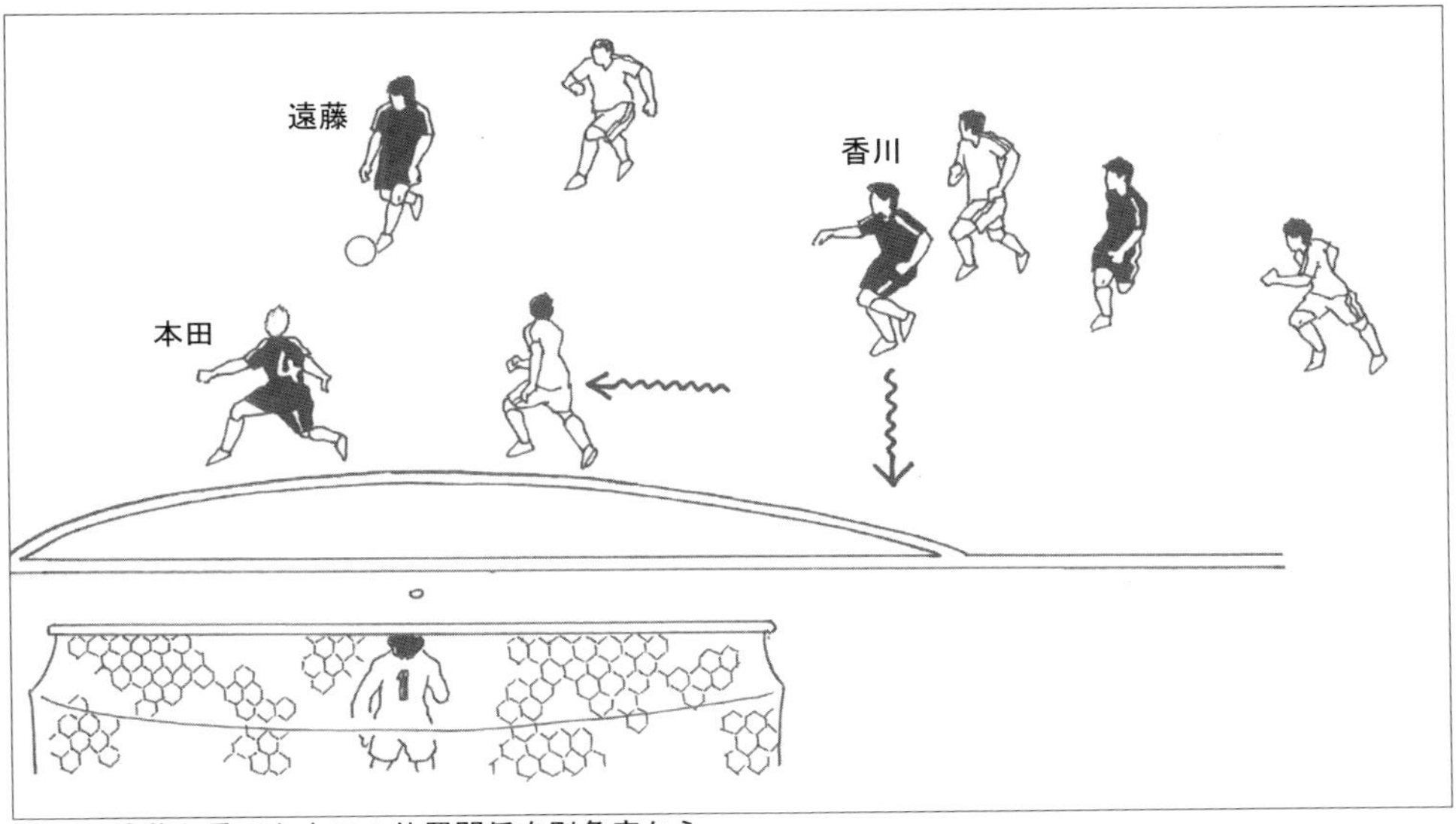

遠藤と香川と本田の位置関係を別角度から
遠藤にはミドルシュート、本田へのパス、香川へのパスという３つの選択肢があった。
ゴールまでの距離、本田の体勢、敵 DF が移動する方向などから、香川へのパスを選択した。

ピードが早く、本田の体勢もシュートするのに時間がかかりそうだからだ。

中央のＤＦが本田のほうへ動いているのだから、香川の側のＤＦの間隔はむしろ広がりつつある。また、後方から走り込んでいる香川のほうがスピードを持ってＤＦの間へ入ってきている。香川へパスを出せば、そのまま一気に門が閉まる前に通過できる可能性があった。実際、香川へパスが出たときに中央のＤＦは動きの方向を変えなければならず、香川の突破を阻止できていない。香川が遠藤からのパスを受けたとき、チャレンジできたのは香川の左側から走ってきたＤＦだけだった。

ついでに記すと、遠藤はノールック気味に香川へパスしていて、最後まで相手に次のプレーの情報を与えていない。ここまでの日本のカウンターはパーフェクトだった。

technique 9

日本のカウンターアタックと香川のシュート②

［日本VSメキシコ　5分］

遠藤のパスを受けた香川は右足のアウトサイドでコントロール、スピードを落とさずにペナルティーエリア内へ入るが、香川の左側からメキシコのDFがスライディングでシュートコースを遮断する。しかし、タックルはボールに触れただけで倒れている体の背中側にこぼれる。香川はそのまま右足の裏でボールを引きずり出し、すぐに右足のトゥキックでシュート。GKの左足に当たって大きく浮き上がったボールはゴールへは入らなかった。

ＤＦの間に入り込んでパスを受け、すり抜けてシュート。これは香川が最も得意とする得点パターンだ。これこそ彼をワールドクラスの選手にしているストロングポイントといっていい。

遠藤のドリブルの方向から、中央のＤＦがそちらに釣られることが香川にはわかっている。相手選手の動きの方向性、ベクトルを読みとる能力が非常に高い選手だ。しかし、このシーンで香川はすり抜け切れなかった。香川の左から絞り込んできたＤＦが体を投げ出してシュートコースを遮断し、右足アウトでボールに触れている。ただ、それでも香川は落ち着き払っているようにみえる。

ＤＦの間でパスを受けてすり抜ける、十八番のプレーにおいて香川は自分にチャレンジできるＤＦがどちらかを瞬時に感じる能力がある。この場面では、自分の左側からチャレンジしてくるのは想定内で、チャレンジしてくる選手から遠いほうの右足アウトでコントロールしている。上手くボールを隠しているのだ。

香川へ体をぶつけてくればＰＫになる可能性が高い。シュートコースを防ごうと香川の前に出てくれば切り返しで完全に外せる。このシーンではＤＦのタックルが間に合って右足でボールを止めているが、ぎりぎり触っているだけでクリアになっていない。香川とすれば、ボールに触られたのは予想外だったかもしれない

①香川は自分の左側からタックルにくる敵から遠い方の足、右足アウトサイドで遠藤からのパスをコントロール。
敵 DF がスライディングでブロックにくるも、ボールには当たらず、背中側にボールがこぼれる。

②香川は右足裏でボールをかき出したあと、トゥーキックでシュート。

が、シュートコースを防ぐために体を投げ出して死に体になったことには変わりないのだ。

本来ならタックルにきたところを切り返しで外しているはずが、わずかに触られただけで香川の予定にそんなに大きな違いはない。右足の裏でボールを引いてかわし、すぐにシュートした。ただ、横倒しになっている相手の背中にあったボールを掻き出すために少し大きくボールを動かさなければならず、シュートのための余裕がなくなった感はある。トゥキックで右を狙ったアイデアは良かったのだが、ボール1個ぶんぐらいコースが甘くなったためにGKに足が届いてしまった。

一連のアクションには香川の真骨頂が表れている。第一にDFの動きのベクトルを読んで間へ入り込むセンス。第二にワンタッチコンロールですり抜ける速さ。第三にチャレンジしてくる相手を感じて素早くかわせるスキルとターンの速さ。そしてシュートの冷静さだ。

technique 10

グアルダードのクロスとエルナンデスの動き

[日本VSメキシコ　54分]

左サイドで酒井宏樹と1対1になったグアルダードは酒井を抜ききらずに左足でクロスを蹴ると、エルナンデスがフリーでヘディングシュート。栗原と今野の間に入り込むタイミングは絶妙だった。メキシコが攻め続けていた時間帯で1—0とした。

後半が始まってからメキシコの攻勢が続き、日本は奪ってもカウンターができない状態。メキシコのグアルダードがサイドチェンジをコントロールしたところからエルナンデスのゴールへつなげて先制している。

まずグアルダードのクロスのタイミング、精度が良かった。酒井と対峙したグアルダードは左足のアウトでボールを押し出すと、すぐに左足でクロスを蹴っている。対面の相手を抜かずに、少しズラしてクロスを入れたタイミングがいい。ただ、このときグアルダードは中の動きをほとんど見ておらず、エルナンデスの動きにピタリと合わせたのではなく、合ったのは偶然である。

しかし、クロスの場合にはこうしたゴールは多い。クロスボールもパスではあるが、通常のつなぐパスよりも予測やイメージの占める割合が大きいのだ。グアルダードはエルナンデスの動きを見ていないが、「そこへ来る」と予測してクロスを入れている。狙ったのはGKとDFの間のスペースだ。

グアルダードがボールをコントロールしたのは、ペナルティーエリアの外のラインぐらいだった。酒井が前面に立ち、酒井に合わせて栗原、今野、長友がラインを作っている。つまり、日本のディフェンスラインとゴールの間には12メートルほどのスペースがあった。GKの守備範囲を除いても10メートル弱のスペースがある。繰り返すが、グアルダードはエルナンデスの動き出しを見ていない。というより、グアルダードが仕掛けに入ってからエルナンデスは動いている。グアルダードはエルナンデスへクロスを合わせたのではなく、日本のディフェンスラインの裏を狙っただけなのだ。

グアルダードのクロスのタイミングが「良い」と前記した理由はここにある。このタイミングならば、まだディフェンスラインの裏には十分なスペースがあるからだ。例えば、酒井を完全に抜いてからクロスを入れるとしたら、グアルダードが縦に抜いている間に日本のラインは下がり、ラインとGKの間のスペースはほぼ消滅する。そのときは日本のDFとMFの間を狙うという手もあるわけだが、グアルダードはスペースが空いているうちにそこを使う選択をしたわけだ。なるべく早いタイミングで蹴る必要があった。

ヘディングシュートを決めたエルナンデスのほうは、グアルダードが仕掛けたとき（ヘッドダウンしたとき）には動き出している。斜めに動いて栗原の背後に入った。この場所はDFの泣き所である。グアルダードが仕掛けた瞬間、栗原はどうしてもそちらを注視せざるをえない。酒井が抜かれてカバーに行かなくてはならないかもしれないし、ここでボールを見失うことは避けなければならない。栗原はエルナンデスをマークするのはこの時点で不可能だった。

エルナンデスが加速するのはクロスが蹴られてからだ。ボールの軌道を見て、落下点へ向かって加速している。ただし、エルナンデスにはすでにグアルダードの意図がわかっていたと思う。クロスの出し手と受け手にアイコンタクトはないがイメージは一致してい

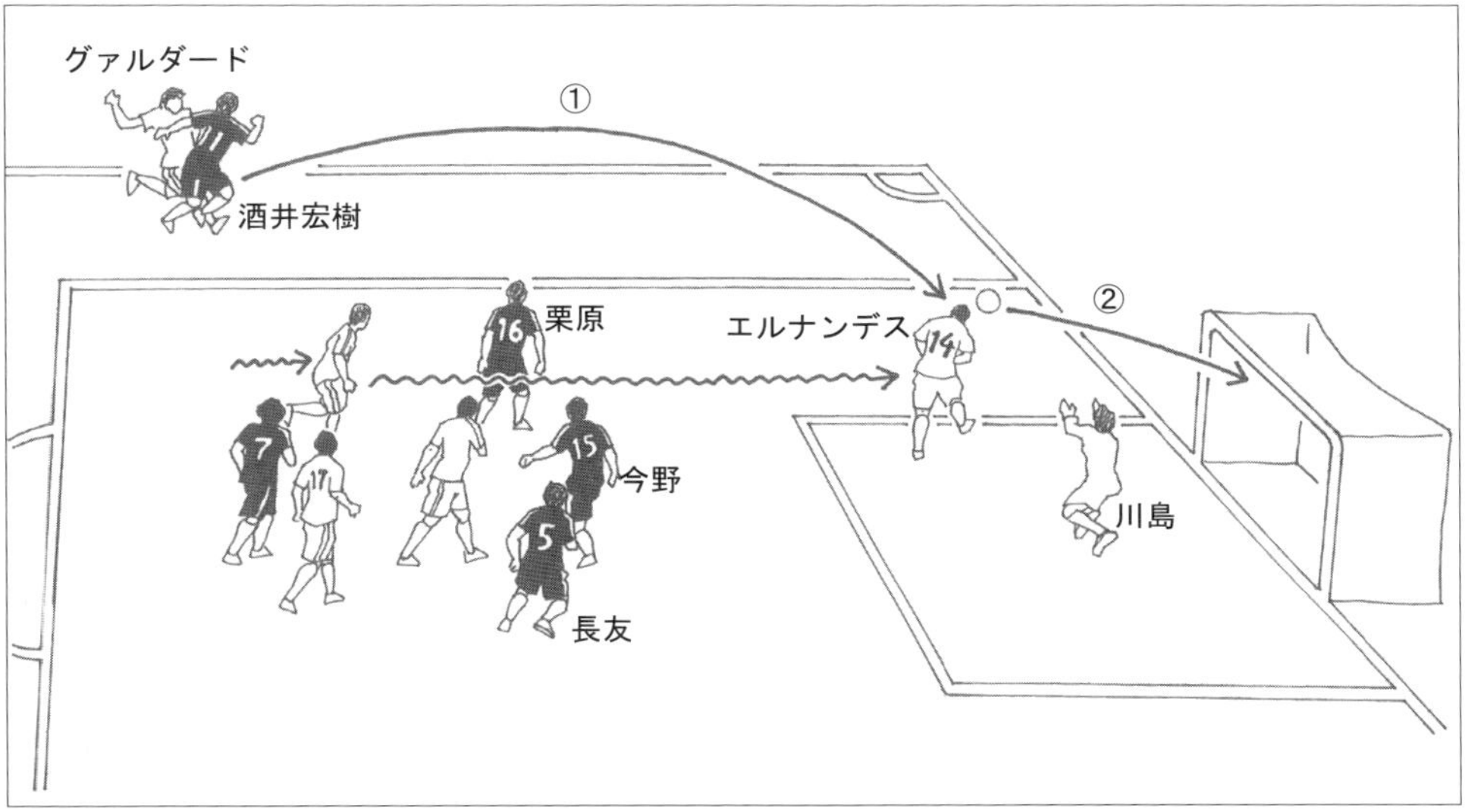

①左サイドで酒井宏樹と１対１になったグァルダードは、左足のアウトサイドでボールを押し出すと、酒井を抜ききらないうちに左足でクロスをあげる。
②日本の GK と DF の間のスペースに上げられたクロスボールにエルナンデスが飛び込んでヘディングシュート。

た。

クロスのタイミングが早かったので、ＧＫ川島の飛び出しも遅れている。むしろグアルダードがフリーであれば、キックのタイミングも読みやすく川島はエルナンデスと競り合えていたかもしれない。

technique 11

日本のプレッシング

［日本VSメキシコ　61分］

メキシコがディフェンスラインでキープ、日本は本田と前田がプレッシャーをかける。レジェスからサバラの足下へクサビのパスを入れるが、ここに今野と細貝がプレッシャーをかけた。サバラは右サイドのミエルヘワンタッチパスを出すが、すでにマークしていた香川がカットする。

メキシコ戦の日本は、メキシコの巧みなパスワークの前にプレスがなかなかハマらなかったが、この場面では前線からのプレッシングがハマってボール奪取に成功した。香川がカットしたボールは今野→香川→細貝→香川とつながり、香川から右にいた前田へ。前田は切り返して左足で低いシュートを放った。シュートは惜しくもポストぎりぎりを外れたが、プレスからカウンターの流れは理想的な展開だった。

このシーンは日本のプレスのやり方がよく表れている。まず、日本のフォーメーションは4―2―3―1だが、プレスのときは4―4―2と考えたほうがわかりやすい。つまり、相手のセンターバック2人に対しては前田、本田の2人が守備をする。ここで2対2にできたときがプレスのスイッチになる。

メキシコはボランチのサバラが縦パスを受けに動いているが、これに対応したのはセンターバックの今野だった。前線が2対2になったのを合図に日本はディフェンスラインを押し上げていて、今野はサバラにチャレンジできる距離にいた。これが第一のポイントである。

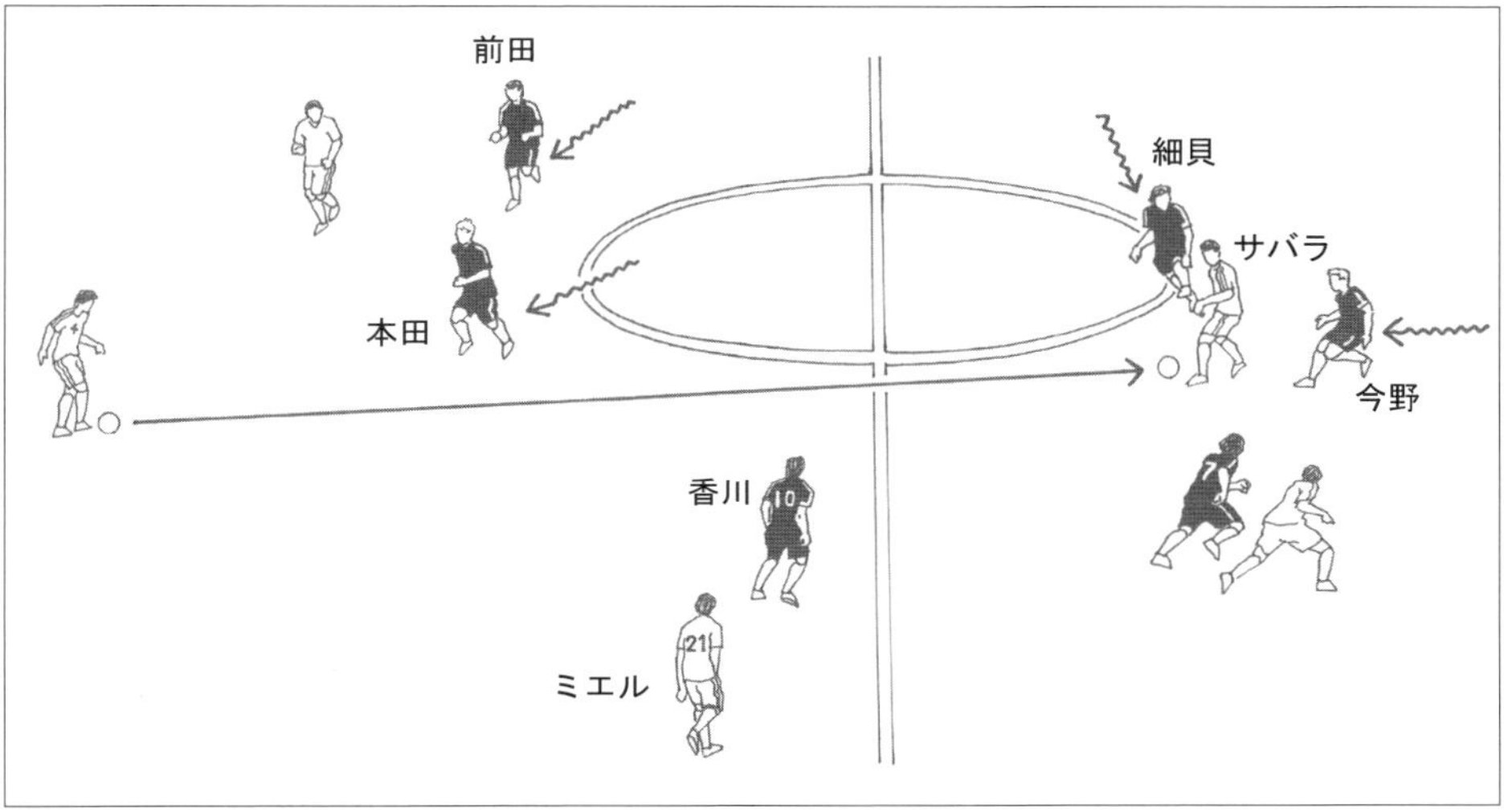

ディフェンスラインでボールをキープするメキシコに対して、本田と前田がプレッシャーをかける。メキシコのMFサバラがパスを受けようと動くが、背後から今野、側面から細貝が寄せる。

サバラは背後から今野のプレッシャーを受け、さらに側面からも細貝に寄せられている。キープするのは無理と判断したのだろう。右サイドのミエルへワンタッチパスをさばいた。ところが、このときすでに日本のマークは完了していた。ミエルをマークしていた香川が難なくパスをカットしてカウンターにつなげていく。

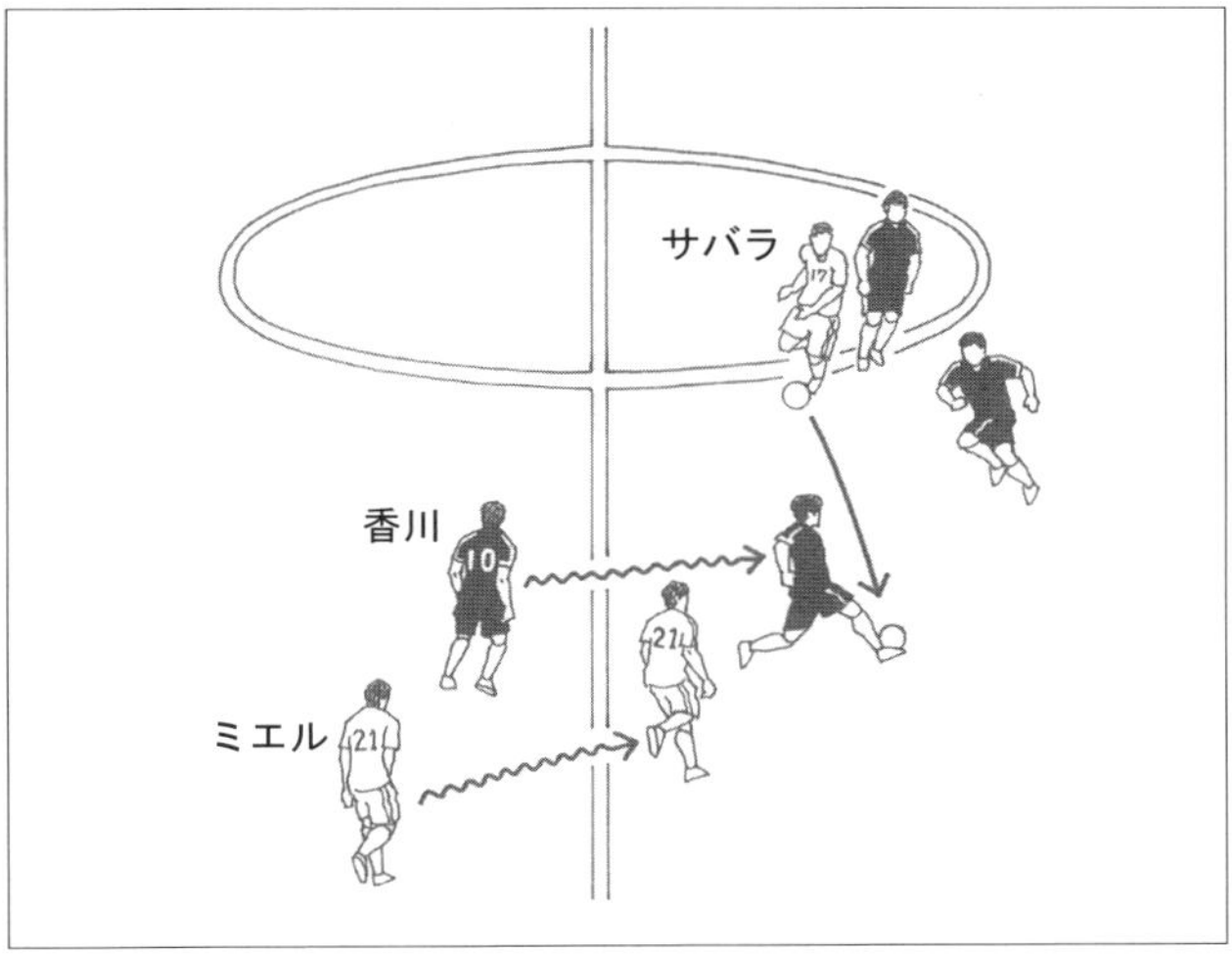

ボールをキープするのは無理と判断したサバラは右サイドのミエルへパスをするが、すでにミエルをマークしていた香川が難なくパスカット

このとき日本の最終ラインに残っていたのは栗原と内田の2人、メキシコはヒネメスがトップにいて、少し引いた左サイドにグアルダード、2対2の状況になっている。この時点で、クサビを受けたサバラへ寄せていった細貝はマークを持っていない。つまり、日本は自陣で1人の数的優位を持っていた。とすれば、どこかにマークされていないメキシコの選手がいたことになる。マークにつかれていない選手は自陣に引いていったボランチのトラドだった。トラドはメキシコが自陣でキープし始めたので、左サイドバックの位置にいた。トラドと入れ替わって左サイドにいたトルレスは岡崎がマークしている。

プレスをかけてボールを奪いきるためには、ボール周辺の相手をマークしきってしまうとともに、1人の数的優位を作って圧力を強める必要がある。このシーンでは細貝がプラスアルファの1人だ。今野だけでなく細貝もプレッシャーをかけたので、サバラのパスコースが限定されている。

前田と本田が前線で2対2を作ったときに、パスが出る可能性のある相手をすべてマンマークし、同時にディフェンスラインを押し上げてコンパクトにすること。そして、ボール周辺にプラス1人の余裕を作ること。これが日本がプレッシングを有効に作動するための手順である。逆にいえば、相手の誰かをフリーにしないとボール周辺の余剰人員は確保できないので、誰をマークしないかが重要ともいえる。

メキシコのセンターバック間のパスが行われた時点で、フリーにしているのは左サイドバックの位置にいたトラドだった。ボールは日本から見て左方向へ動いていて、トラドへパスが出る可能性は低い。出たとしても前田が戻って前面に立つか、岡崎がマークを受け渡して前に出れば対応できる。ボールより後方で、なおかつ遠いポジションにいる相手をフリーにすること。日本はプレスの基本どおりにトラドをマークせず、細貝をフリーの守備者としてボールへの圧力を強めていた。

technique 12

日本の折り返しからのゴール

[日本VSメキシコ　84分]

2―0とリードされた日本は終盤に1点を返した。中央左寄りでボールを持った香川が短いカットインから逆サイドへ浮き球のパス、そこへフリーで走り込んだ遠藤がワンタッチで中央へ折り返し、岡崎が右足で合わせてゴールした。

この得点に至るまで、日本は実に13本もパスをつないでいる。いったん右から攻め込むが分厚いメキシコの守備を突破できずに後退、しかし今度は左へ展開していく粘り強い攻め方だった。

香川のキープが効いている。トラドと対峙した香川はアウトサイドでつついて一歩前へ出る。この初速の速さは世界でもトップレベルだろう。トラドのマークを外した香川がルックアップした瞬間、ファーサイドにいた岡崎はトルレスの前面を横切って中央へ走り込もうとしている。これは日本の約束事の1つだ。

香川が左でキープして、このシーンのように右足アウトを使ってマークを外したときには、ディフェンスラインとGKの間を狙う。クロスはインスイングの速いボールになるので合わせるならピンポイントだ。この試合のメキシコの先制点はグアルダードがDFとGKの間を狙ったクロスをエルナンデスが合わせたものだが、香川のクロスとは狙いが少し違う。グアルダードのクロスは左サイドから左足で蹴ったもの。ボールの回転はアウトスイングでGKから遠ざかるコースになる。スペースにボールを〝置く〟のに向いている。実際、グアルダードはボールを置きにいった。一方、香川は左サイドから右足のクロスなのでインスイング

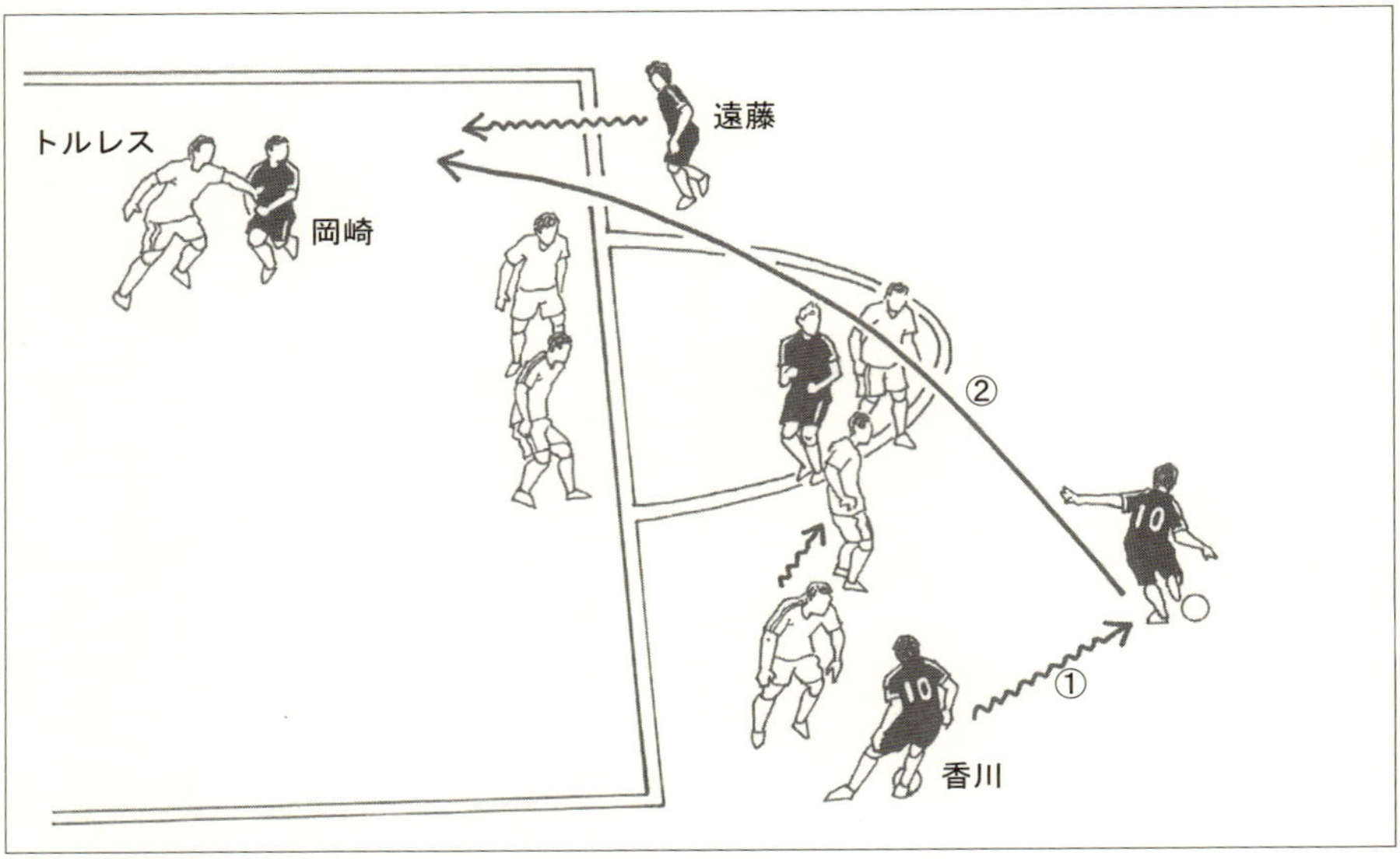

①中央左寄りでパスを受けた香川はドリブルでカットイン。
②香川は逆サイドの遠藤へ浮き球のパス。香川のクロスにあわせようとする岡崎の動きにより、遠藤はフリーになっていた。

になる。ゴールへ向かうボールを途中で触ってコースを変えるシュートが狙いなので、グアルダードの場合のようにスペースへ置けばいいわけではない。走り込む選手を狙ってピンポイントを狙わなければならない。

このプレーはメキシコの先制点のケース以上に出し手と受け手のイメージが一致していないと難しい。左サイドの香川から右足のクロス、それをライン裏へ飛び出して狙う形は予め用意されたものだ。ザッケローニ監督はいくつかこうしたパターンを用意していて、日本の試合を見るといくつかのパターンがあることに気づくはずだ。セットプレーのようにパターンを練習しているのだ。

しかし、香川は岡崎にパスしていない。岡崎の背後のスペースに遠藤がフリーで走り込んでいたので、香川は岡崎をオトリに使って遠藤へパスを出している。パターンはあるが、状況に応じて選択できる。日本のコンビネーションの強みは、パターンを持っているがゆえの動き出しのタイミングやイメージの共有があげられるが、それだけでなくこの場面のように選手が状況に応じて変化をつけられる。

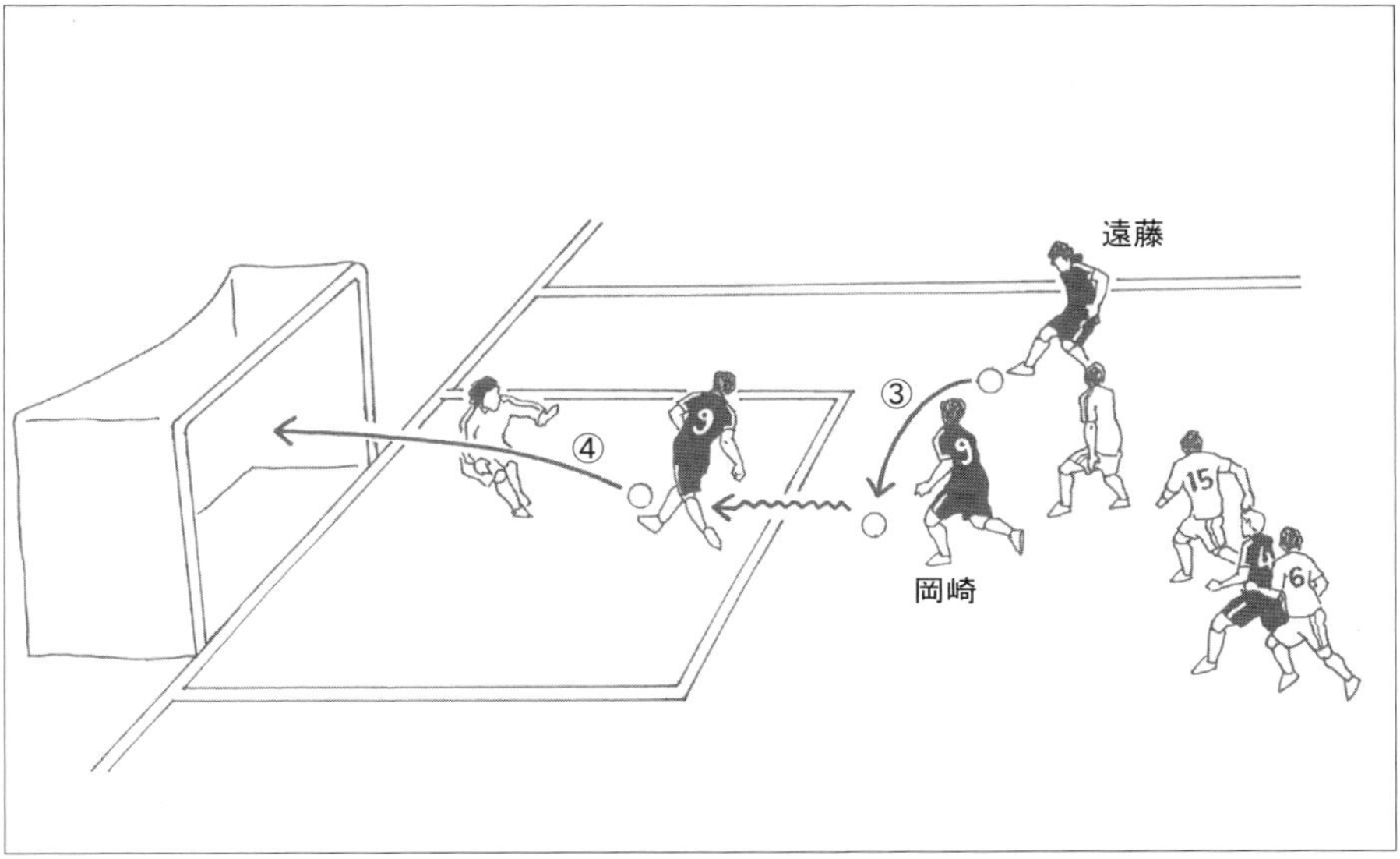

③遠藤は香川からのパスをワンタッチで中央へ折り返す。
④遠藤からの折り返しを岡崎がシュート。

メキシコはペナルティーエリア内に4人のDFがいた。一方、日本はオフサイドポジションから戻りかけの中村と、香川のクロスに合わせて動いた岡崎、そして後方から走り込んできた遠藤の3人だった。メキシコは数的優位だったわけだ。しかし、岡崎の動きにマークしていたトルレスと中央のモレノの注意が引きつけられ、後方から上がってきた遠藤への対応ができなかった。全員の頭越しにパスを出されたメキシコDFはターンしながら遠藤を見る。これで完全に岡崎のマークが外れた。

クロスボールの効果は、DFがマークとボールの両方を見るのが難しい点にある。よく「ボールウォッチャーになるな」といわれるが、そうならざるをえないのだ。さらに、いったんファーサイドへ振られたボールを折り返されるとまったく対処ができなくなる。岡崎がシュートしたとき、メキシコは数的優位にもかかわらず誰もマークできていない。

実は、最初に岡崎をマークしていたトルレスは遠藤の走り込みに気づいていた。しかし、遠藤のほうへ動けば中央で岡崎がフリーになってしまうので動けなかったのだ。香川のカットインに対してメキシコのセンターバック2人が距離を詰めていて、サイドバックの2人はその後方に残っている。もし、メキシコのサイドバックがセンターバックとラインを揃える動きをしていれば、岡崎をオフサイドポジションに置くことは可能だっただろう。だが、走り込んでくる遠藤までオフサイドにするのは無理だった。ラインを揃えたら4人とも遠藤に置き去りにされて誰も守備ができない。トルレスが遠藤へのパスを予測しながら、我慢して中央を空けなかったのは対応としては正解なのだ。

　香川からのボールが遠藤へ届くまでの間に、トルレスはターンして遠藤に寄せようとした。だが、すでに間に合わないと判断して中央へ戻ろうとするが、そのときには遠藤からワンタッチパスが中央に出ていた。トルレスより前に出ていたセンターバック2人は岡崎の中央への走り込みをマークできる位置にはおらず、シュートを阻止するのもまったく間に合わない。遠藤がフリーで上がってきた時点で状況的には〝詰み〟だったといえる。

　クロスから直接シュートではなく、逆サイドからの折り返しはより決定的なシュートチャンスになる。このケースのように、守備側に数的優位があってもマークが外れやすいからだ。

technique 13

スペインの中央突破

［スペインVSウルグアイ　16分］

ブスケツからパスを受けたイニエスタは前方のソルダードと壁パスした後、ワンタッチで短くセスクへパス。セスクはオフサイドぎりぎりでフリーで抜け出したがコントロールミスでボールを後方へ残してしまう。しかし、ちょうどイニエスタへボールを残した形になり、イニエスタがシュートしたがGKがセーブした。

典型的な中央突破の形であり、見本ともいえる。まず、ブスケツからイニエスタへのパスが突破のための準備を整えている。

ブスケツがルックアップしたとき、イニエスタはディエゴ・ロペスの背後のスペースへ動いてパスを受けている。このポジショニングが攻撃のスイッチになった。ウルグアイのMFとDFの間のバイタルエリアでボールを持ったイニエスタに対して側面からガルガーノが寄せていくが、寄せきられる前にソルダードにパスしてガルガーノと入れ替わる。

このときウルグアイのディフェンスラインは4人、ペナルティーエリアのライン上に並んでいた。スペインの前線の選手は中央にソルダード、右にセスクの2人。局面的にはソルダードの背後にはルガノがぴったりと貼りついていて、セスクもゴディンにマークされている2対2の状況である。ここにソルダードとの壁パスでフリーになったイニエスタが加わったことで瞬間的にスペインの数的優位が生まれ、セスクをマークしていたゴディンが前に釣り出されてセスクがフリーになっている。

イニエスタはゴディンがラインから前に出てきた瞬間にセスクへ短いパスを渡した。セスクの右側からは

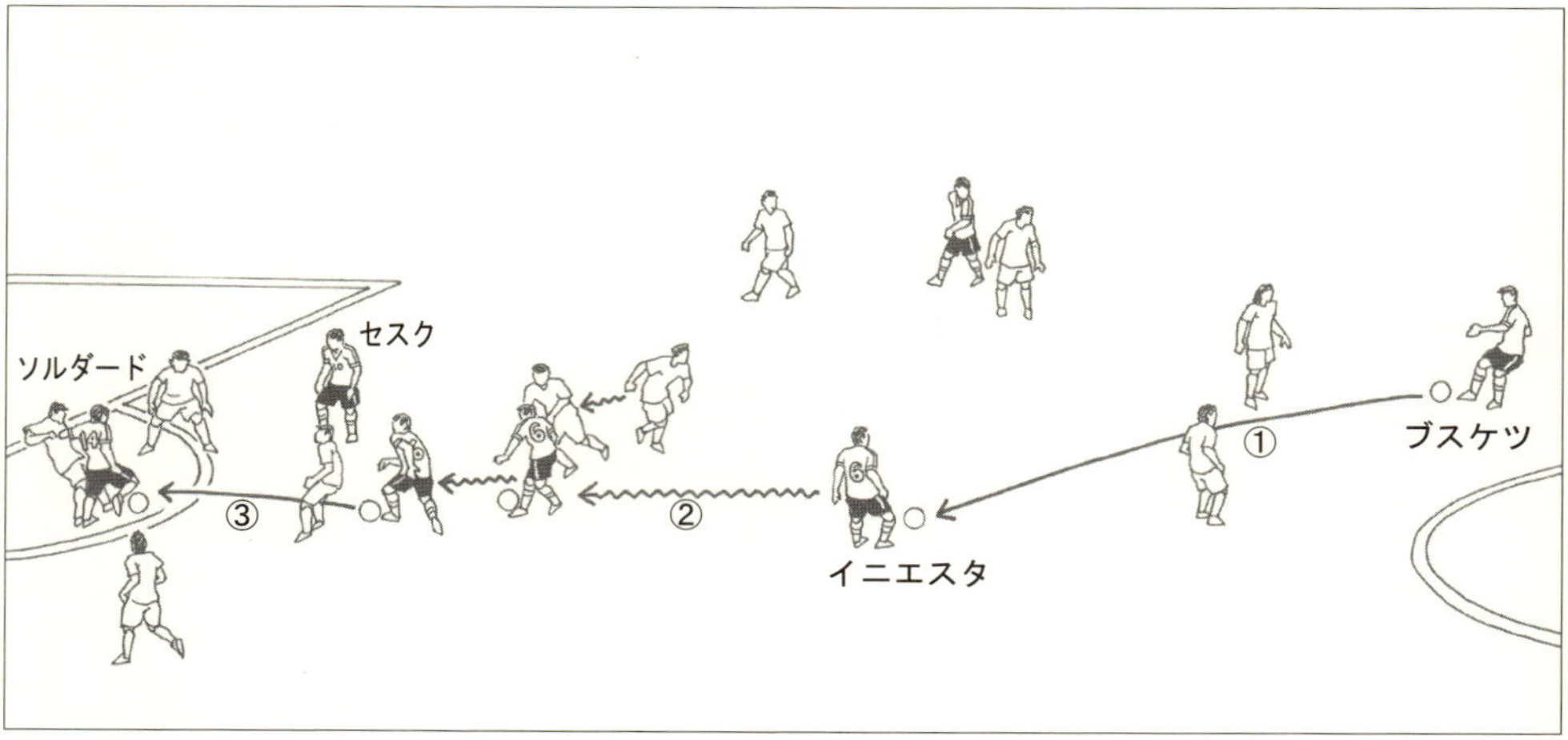

①イニエスタはウルグアイのボランチの背後でブスケツからのパスを受ける。
②イニエスタはドリブルでウルグアイ DF ラインにつっかける。
③ガルガーノがイニエスタに寄せてきところで、イニエスタはソルダードへパス。

マルティン・カセレスが寄せてきたが間に合わず、セスクはそのままディフェンスラインの裏に抜け出してGKと1対1……のはずだったのだが、カカトにボールを当ててしまう。だが、そのボールをイニエスタがシュート。GKムスレラが防いだが、セスクがそのまま抜け出していたら決定的な場面になっていた。

前記したように、イニエスタが巧みにボランチの背後でパスを受けたことでバイタルエリアに入り込むことができたのが大きい。ウルグアイのDFは数的優位を持っているものの、ラインの手前でイニエスタがフリーになっているのでマークを受け渡して前に出なければならなかった。いったんはガルガーノがイニエスタに寄せているが、ワンツーで外されてしまう。結局、最後はセスクをマークしていたゴディンが釣り出された。

このようにディフェンスラインに突っかけていくことでラインの裏に人とボールを送り込むことができるわけだ。このシーンではソルダードとのパス交換でイニエスタがディフェンスラインに突っかけた。ペナルティーエリアにかかる場所では、この例のようにペナルティーエリアの外側に4バックが横並びで守ることがほとんどである。ポイントはこの守り方ではカバーリングが難しいということ。1人を前に釣り出すことに成功すると背後のカバーリングはいないので、数的優位といってもカバーのところほとんどカバーの役には立たないのだ。カバーリングの基本である斜め後ろのポジションをとっていないので、このシーンでセスクが抜け出しかかったときには横にいたマルティン・カセレスがセスクへ向かっているが間に合っていない。

つまり、たとえ4、5人のDFが並んでいたとしても、誰かを前に釣り出してしまえば、そのDFが守っていたゾーンにいた攻撃側の選手は簡単にフリーにす

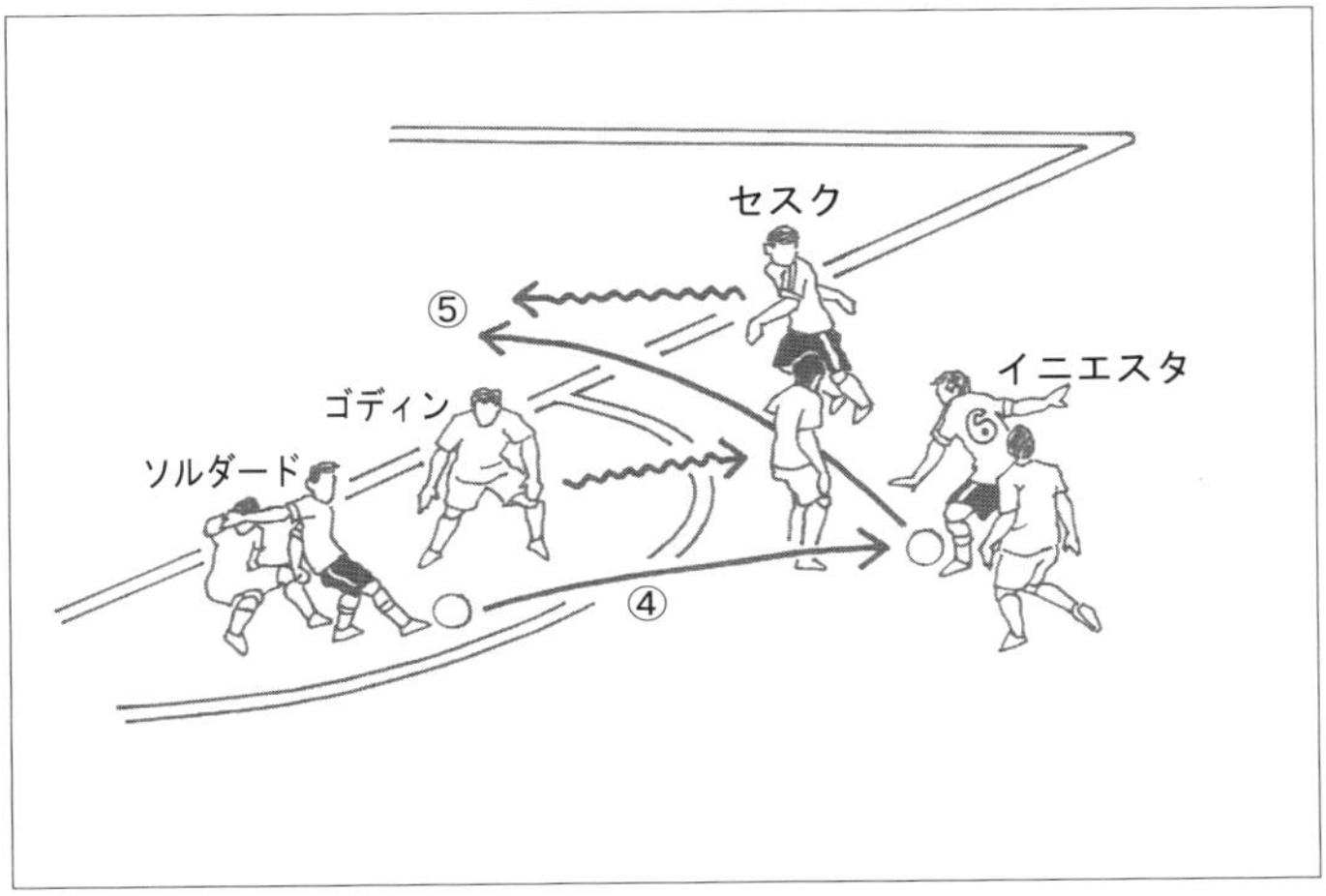

④ソルダードからのワンツーリターンを受けたイニエスタに、セスクをマークしていたゴディンが釣り出される。
⑤イニエスタはフリーになったセスクへパス。

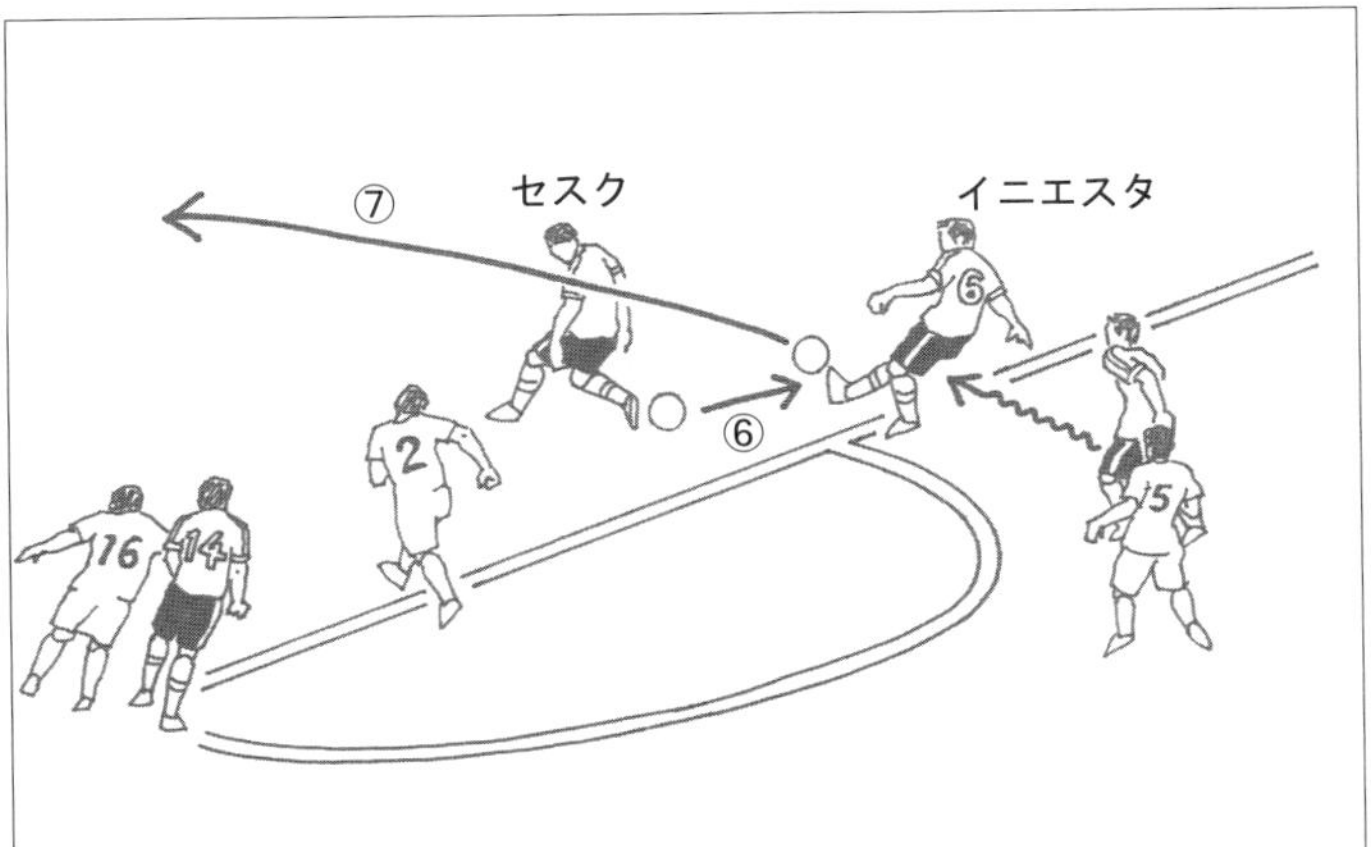

⑥セスクはイニエスタからのパスをカカトに当ててしまい、シュートを打てなかった。
⑦後方のイニエスタがそのボールを拾ってシュート。

ることが可能だといえる。ドリブルであれ、サイドからの横パスであれ、ディフェンスラインの前にいるフリーの選手がボールを持っている状況を作れば決定機の一歩手前だ。

ただし、この場面もそうなのだが、ラインの前でフリーになれる時間は非常に短く、釣り出されたDFを避けて背後にいる味方にラストパスを送るのも簡単ではない。DFの足の間を通したり、ボールの底をすくって足がとっさに出ない空間を通過させるなど、難度の高いテクニックを駆使する必要も出てくる。

technique 14

イニエスタの上がりを待つターン

［スペインVSウルグアイ　31分］

自陣でスアレスのパスをカットしたイニエスタは、スアレスをかわすとスピードアップして一気にドリブルで持ち上がる。しかし、いったんターンしてタメを作って味方の上がりを待つ。イニエスタ→ペドロ→セスクとつながり、最後はセスクのパスを受けたソルダードがシュート、2—0とリードを広げた。

スペインの2点目のシーンだが、注目したいのは得点の前のイニエスタのターンである。

スアレスのパスをカットしたイニエスタは、そのまま奪いにきたスアレスのタックルを軽くボールを浮かせてかわし、スペースをドリブルで通過する。しかし、前方にセスクとソルダードしかいないので、そのままスピードを上げて攻め込んでも無理だと判断したのだろう。急ブレーキをかけ、右側から寄せてきたマルティン・カセレスを左回りのターンで外してから右サイドを上がってきたペドロにパスを出した。

昔から優れたプレーメーカーはターンの名手だ。ベッケンバウアーは優雅なターンで有名だったし、足裏を使った鋭いターンを得意としたオベラーツ、立ち足の後ろを通すターンに名前がついているクライフ、独特の引き技を組み合わせたルーレットで一世を風靡したジダンなど、中盤の選手はそれぞれのターンとともに記憶されている。突破のためのドリブルと違って、ターンは主にキープのために使われる。プレー

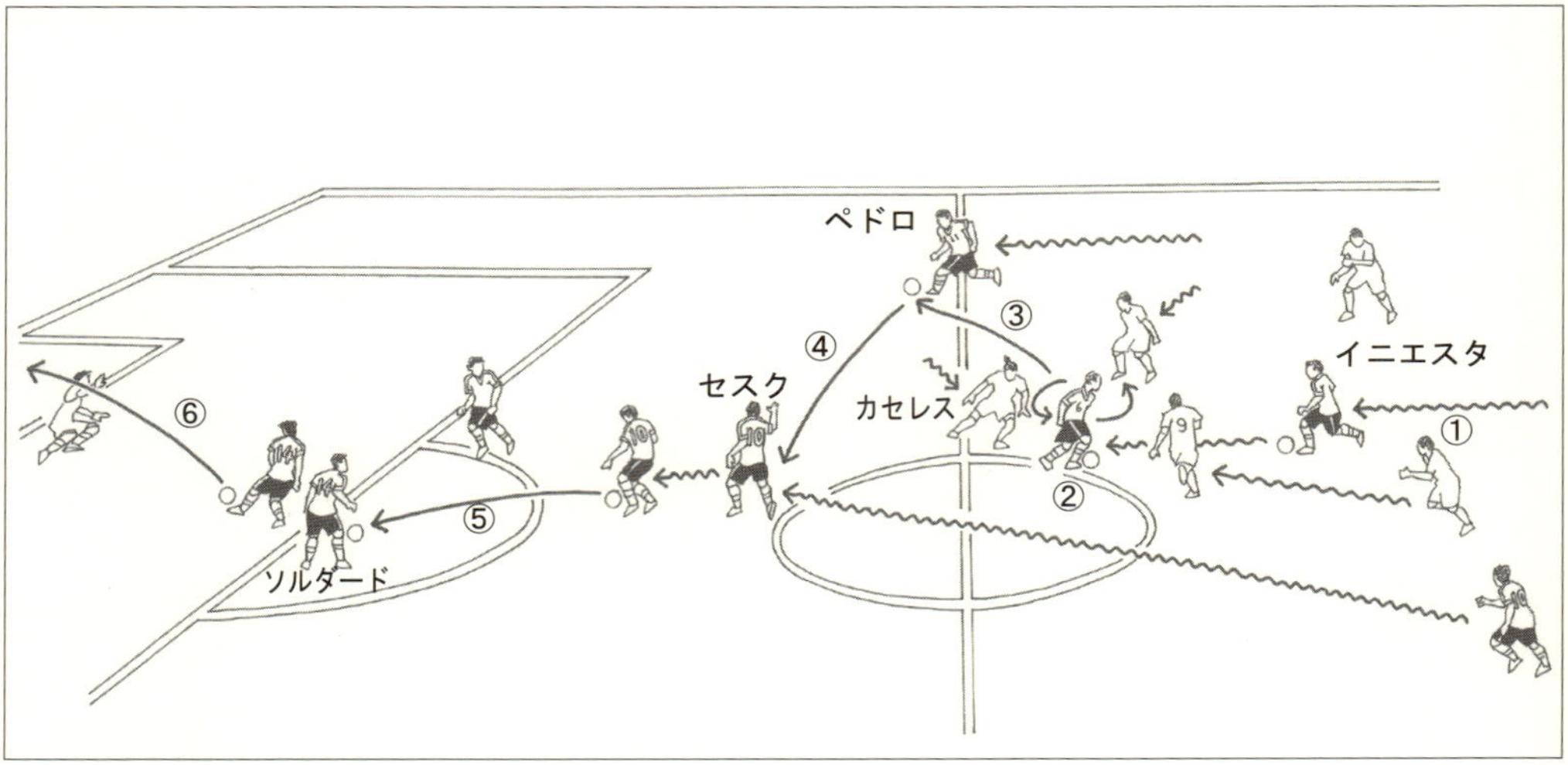

①スアレスからボールを奪いドリブルで上がるイニエスタ。
②右から寄せてきたマルティン・カセレスをターンでかわしタメを作る。
③右サイドを上がってきたペドロへパス。
④〜⑥ペドロからセスク→ソルダードへとパスが渡り、ソルダードがシュート。

メーカーはカウンターかスローダウンかの判断を行う要となる選手であり、カウンターからスローダウンするときによくターンを使ってタメを作り、味方の上がりなど状況の変化を待つわけだ。

イニエスタは同僚のチャビとともに、現在最もターンの上手い選手の1人だろう。このシーンではスピードを上げたドリブルをしながら、右方向へパスを出すような左足の踏み込みと右足のキックの動作から、右足はボールを蹴らずに前方へ踏み出し、右足でブレーキをかけている。自分の右斜め後方からマルティン・カセレスが寄せてきているのを感知しているので左回りにターンした。左回りならばボールをマルティン・カセレスから隠すことができるからだ。

このときのターンの柔らかさが独特だ。急停止した後、軽くすり足のようなステップを踏んでからクルリと回転している。フッと一瞬で力を抜いてしまうバランス感覚はイニエスタならでは。ターンしてマルティン・カセレスから遠い右足でキープしながら、カバーに入っているウルグアイの選手の動きを見て、その背後に上がったペドロにパスを出している。

イニエスタのターンによってスペインのカウンター

自分の前方にセスクとソルダードしかいないことから、ドリブルでスピードアップするのではなく、スローダウンしてタメを作ることを選んだイニエスタ。左回りにターンして、右から寄せてくるマルティン・カカレスから遠い右足でボールをキープしながら味方の上がりを待った。

アタックはいったんスローダウンしているのだが、ペドロへのパスが2人のウルグアイ選手を置き去りにしたので、そのまま攻め込んで得点に至っている。イニエスタもさすがにそこまで先の展開を読めていたわけではなく、1―0でリードしていたこともあって無理にカウンターで攻め込んでボールを失うよりもキープに切り替えたほうがいいと判断したのだと思う。ただ、結果的にイニエスタのターンとタメによって相手が引きつけられ、ペドロへのパスからカウンターアタックを継続することができた。

相手が帰陣する前に速く攻め込むのが有利なのは確かだが、それでボールを失ってしまえば逆にカウンターを食らうリスクもある。ボールをキープしているかぎり、まだ攻撃を続けて得点できる可能性は残るうえ、相手に渡さなければ失点もない。状況を的確に判断してゲームの流れを作る能力はすべての選手に求められるが、とくに通過地点でプレーする中盤の選手には重要な資質だ。前進をとりやめてキープする際には、相手のプレッシャーをかわしてボールを守るためのターンは重要なテクニックになる。

technique 15

ネイマールのボレーシュート

［ブラジルVS日本　3分］

コンフェデレーションズカップ開幕戦、ブラジルはわずか3分で先制ゴールをゲットした。左サイドのマルセロからのハイクロスをフレッジが胸で落とし、ネイマールが右足のボレーシュートを決めた。

開催国ブラジルは十分な準備をして開幕戦に臨んでいた。対する日本はカタールでW杯予選を戦った後にブラジルへ移動、コンディションに差がある中で日本は守備的な戦い方を選択したようだ。２０１２年秋の欧州遠征でブラジルと対戦したとき、日本は攻撃的な戦法を採って０―４で完敗を喫している。コンディションに差があり、しかもブラジルのホームで同じ戦い方をするのは確かに無謀といえる。しかし、日本のゲームプランはわずか３分で崩れてしまった。

左サイドからマルセロがハイクロスを上げ、フレッジが胸で落としたところをネイマールがきれいなボレーシュートで右ポストぎりぎりに決めた。起点となったマルセロへのプレッシャーの不足、フレッジへの圧力不足、さらにシュートしたネイマールがノーマークだったことは日本の守備陣にとって反省材料である。しかし、ここではネイマールのシュート自体に焦点を合わせたい。

マルセロから中央のフレッジへクロスが出ると、ネイマールはするすると動いてフレッジからの落としを受けられるポジションへ。フレッジのチェストパスが

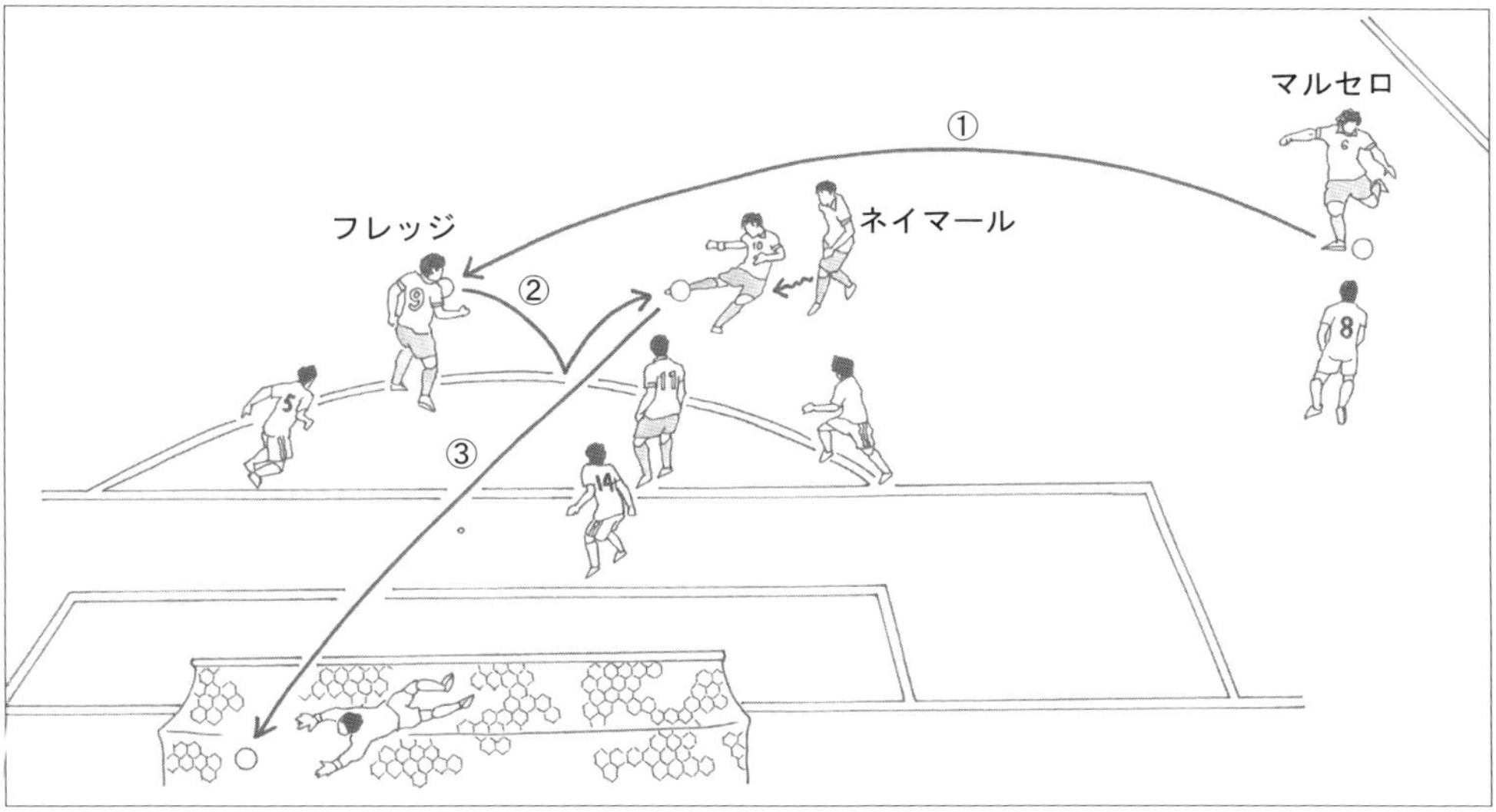

①左サイドのマルセロからフレッジへパス。
②フレッジはボールを胸で落としネイマールへパス。
③ネイマールが右足でボレーシュート。

ワンバウンドして落下するところを右足できれいにミートしている。

ボレーシュートが失敗する場合の原因の多くはボールの下側を叩いてしまうことだ。地面にあるボールをシュートするときには、蹴り足のヒザをボールにかぶせることで低い弾道に調整するが、空中にあるボールをシュートするときは体を傾けて、足を振り上げないようにしなければならない。このシーンのネイマールは体を左側に傾け、足を地面と水平に振れるような体勢を作っている。

もう1つのポイントはボレーシュートにはほとんどパワーがいらない。空中にあるボールを叩くとき、ミートさえ確実であれば十分にスピードのあるシュートを打つことができる。逆にいえばボレーシュートは正確なインパクトがすべてであり、足を強く振る必要がない。ネイマールはまったく力みのないフォームで正確にボールの中心をとらえている。

インパクトの瞬間、ネイマールの右足はほぼ伸びきっている。窮屈な姿勢ではなく、のびのびとした楽な体勢で蹴っている。ボールをとらえる体勢とポイントを持っているので、十分に引きつけて手順どおりに

ネイマールのボレーシュート
体を左側に傾けて、足を地面と水平に振れるような体勢を作り、ボールの下ではなく中心をとらえる。
右足はほぼ伸びきっており、楽な体勢で蹴っている

シュートしている印象だ。

スロー映像を見ると、ネイマールの蹴ったボールはわずかに逆回転がかかっている。逆回転のかかったボールは上昇するので、ボールの軌道からすればバーの上へ外れる危険もあったと思う。しかし、ネイマールは必要以上に強くインパクトしておらず、多少浮いても枠内に収まるとわかっていただろう。

technique 16

チアゴ・シルバのインタセプト

［ブラジルVS日本　17分］

日本のカウンターアタック、長谷部がフリーとなってドリブルで持ち上がる。右側には清武が走り、中央には本田。ブラジルはマルセロが清武を追いかけるが振り切られている状態、本田にはダビド・ルイスがマークしている。長谷部はフリーの清武へパスするが、長谷部の進路に構えていたチアゴ・シルバがインタセプトした。

チアゴ・シルバは世界一の呼び声も高いセンターバックである。長身でパワーがあり空中戦に強いだけでなくスピードもある。さらにフィード力やボールコントロールの能力も抜群、万能型のプレーヤーだ。とくに素晴らしいのは読みだ。このシーンではチアゴ・シルバの読みの良さと身体能力が遺憾なく発揮されている。

長谷部がフリーでブラジル陣内に入った時点で、長谷部の右側を走る清武はフリーだった。一方、長谷部の左前方には本田がいたが、こちらはダビド・ルイスがマークしていて、右サイドバックのダニエル・アウベスも絞り込んでいてカバーができる状況だった。チアゴ・シルバは長谷部の前方でドリブルを迎え撃つ体勢である。

この状況で、チアゴ・シルバには長谷部が清武にパスするであろうことは容易に予測できていたに違いない。マルセロが追走しているとはいえ清武はまったくのフリーだった。しかし、チアゴ・シルバは最初から清武へのパスコースを切る動きはしなかった。逆にバックステップを踏みながら長谷部との間合いを調整すると同時に体を右半身に構えた。左肩を長谷部に向ける形だ。この体勢は清武に対しては背中を向けている。つまり、中央へは動きやすいが清武へのパスには反応しにくい体勢なのだ。清武へパスが出されるとわかっていながら、わざわざパスに反応しにくい体勢にしているのだ。

チアゴ・シルバのこの体勢は、長谷部を罠にはめるためといっていいだろう。

長谷部は長い距離をフリーでドリブルしながらもスピードを上げすぎず、いつでもパスできるようにボールを足下にコントロールしていた。清武がフリーでタッチライン際を走っているのはわかっていたが、問題は「いつ」清武にパスを出すかだ。早すぎるタイミングで清武へ渡してしまうと、チアゴ・シルバにカバーされて清武がフリーのままプレーすることができなくなる。あまりに遅すぎると自分とチアゴ・シルバの間合いが詰まってしまうし、追走してきたマルセロが清武に追いついてしまう。長谷部の選択肢は、ぎりぎりまでチアゴ・シルバを引きつけて、なおかつ清武がマルセロに追いつかれる前にボールを渡すことだった。

長谷部のパスのタイミングは絶妙だった。チアゴ・シルバとの間合いが詰まる寸前、そして清武がチアゴ・シルバと同じ高さに並ぶ、ぎりぎりオフサイドにならないタイミングでパスを出している。まだマルセロにも追いつかれていない。このタイミングならば、チアゴ・シルバがカバーに動いても清武は入れ替わるように縦へ突破できる。だが、長谷部にとって誤算だったのは、すべてチアゴ・シルバに読まれていたということだろう。状況的にパスのコースはもちろんだが、タイミングまで読まれていた。

チアゴ・シルバは自ら半身になることで、わざと長谷部にパスのきっかけを与えている。バックステップを踏んでいたチアゴ・シルバが止まった、しかもゴール中央向きの半身になった。長谷部とすれば清武へパスする絶好のチャンスだ。長谷部は左足で清武にパスしている。右足のインサイドなら体を開くことになるが、左足ならばほぼドリブルの姿勢のままだ。最後まで意図も隠していた。

しかし、チアゴ・シルバはいったん右足にかけた重心を一気に左側へ移し、左足を伸ばして長谷部のパスをカットする。この瞬間的な体重移動と左足の可動域の広さはチアゴ・シルバならではの身体能力である。

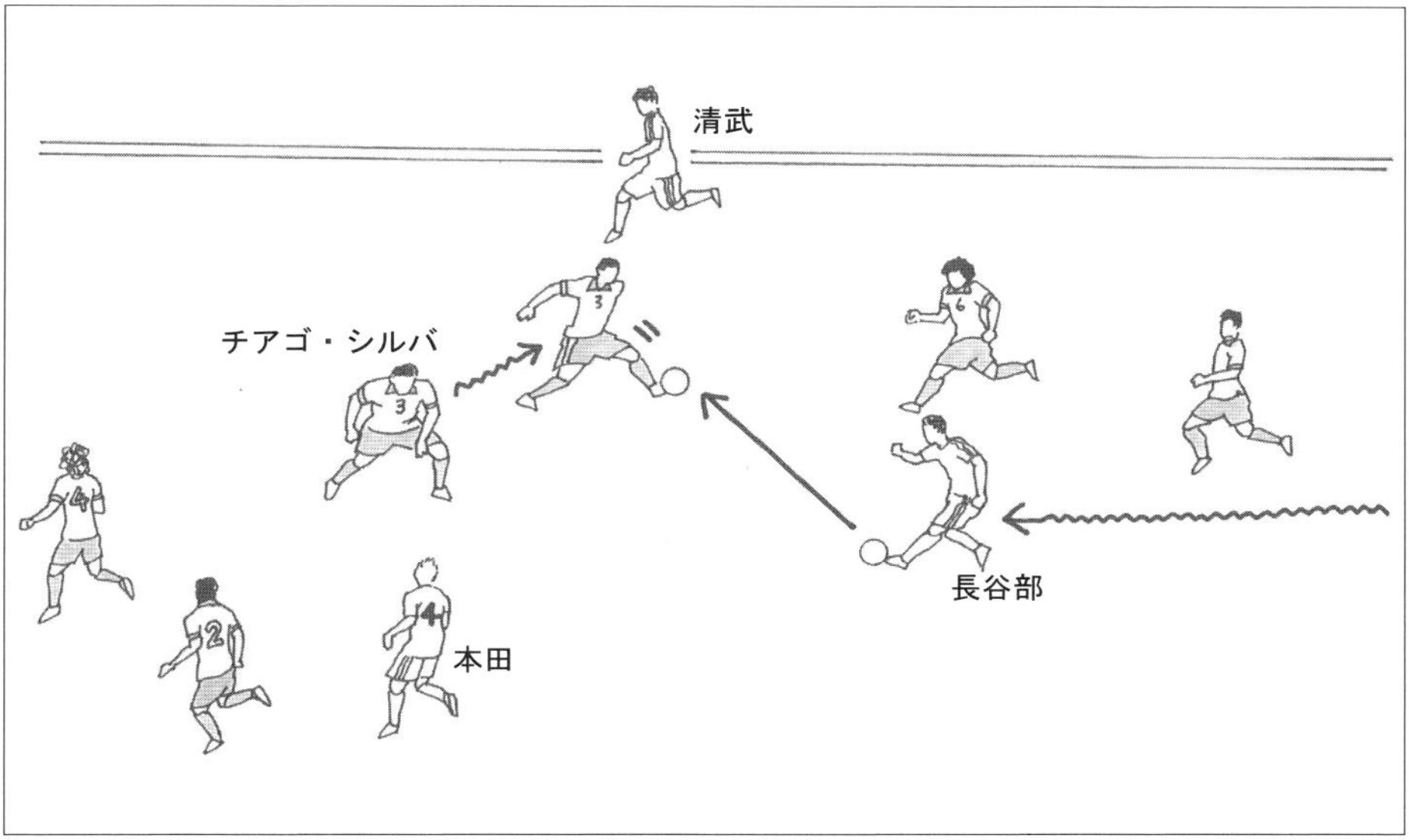

長谷部がドリブル。右に清武、中央には本田がいる。チアゴ・シルバはいったん右側に体重をかけて清武へのパスを誘導。素早く左側へ体重移動して清武へのパスをカット。

いくら長谷部をパスに誘導したといっても、あの体勢からパスカットするのは容易ではない。長谷部もそこまで足が伸びるとは予想していなかったに違いない。長谷部を釣った陽動作戦も、あの身体能力がなければ墓穴を掘るだけだった。

もし、長谷部が清武へのパスを選択しなかったらどうなったか。おそらくチアゴ・シルバは長谷部にドリブルで通過されていただろう。左へ体重を移した瞬間、長谷部にカットインされたらファウルで止めることもできなかったと思う。ただ、長谷部に抜かれたとしても中央にはダビド・ルイスがいて、長谷部の背後からはパウリーニョも戻ってきていた。長谷部に抜かれても味方が止めてくれる可能性が高かった。長谷部にドリブルで抜かれたしても、それはそれで悪い状況にはならない。最悪なのは清武へパスされてしまうことで、状況的にそれは避けられなかったのだが、チアゴ・シルバは長谷部に自分の思うタイミングでパスを出させて、まんまとカットに成功したわけだ。驚異的な身体能力、読み、そして冷静さとヒラメキ。さすがにナンバーワンといわれるだけのプレーだった。

technique 17

ブラジルのタッチライン際のパス交換

[ブラジルVS日本　24分]

ダビド・ルイスから1人とばして右サイドのダニエル・アウベスへパスが出る。スライドしながら守備を整える日本に対して、ダニエル・アウベスは引いてきたフッキの足下へパス、フッキはワンタッチでダニエル・アウベスに返す。

ダニエル・アウベスは岡崎に寄せられるが、こちらもワンタッチでフッキへ。フッキが背後の長友を背中で押さえてキープし、サポートについたルイス・グスタボへパス。


このシーンを取り上げたのは、ブラジルのパスワークは通常ならほぼ〝詰んでいる〟状態だったからだ。

ダニエル・アウベスは前方のフッキへパスを出し、岡崎と入れ替わるように斜め左へ動いてフッキのリターンを受けている。ダニエル・アウベスとしては、このワンツーで岡崎を振り切ってフリーになっている予定だった。ところが、岡崎はいったんフッキへのパスに反応しながらも素早く反転してしまう。フッキからリターンされてきたボールには、岡崎も一緒についてきてしまったのだ。ダニエル・アウベスは完全に行

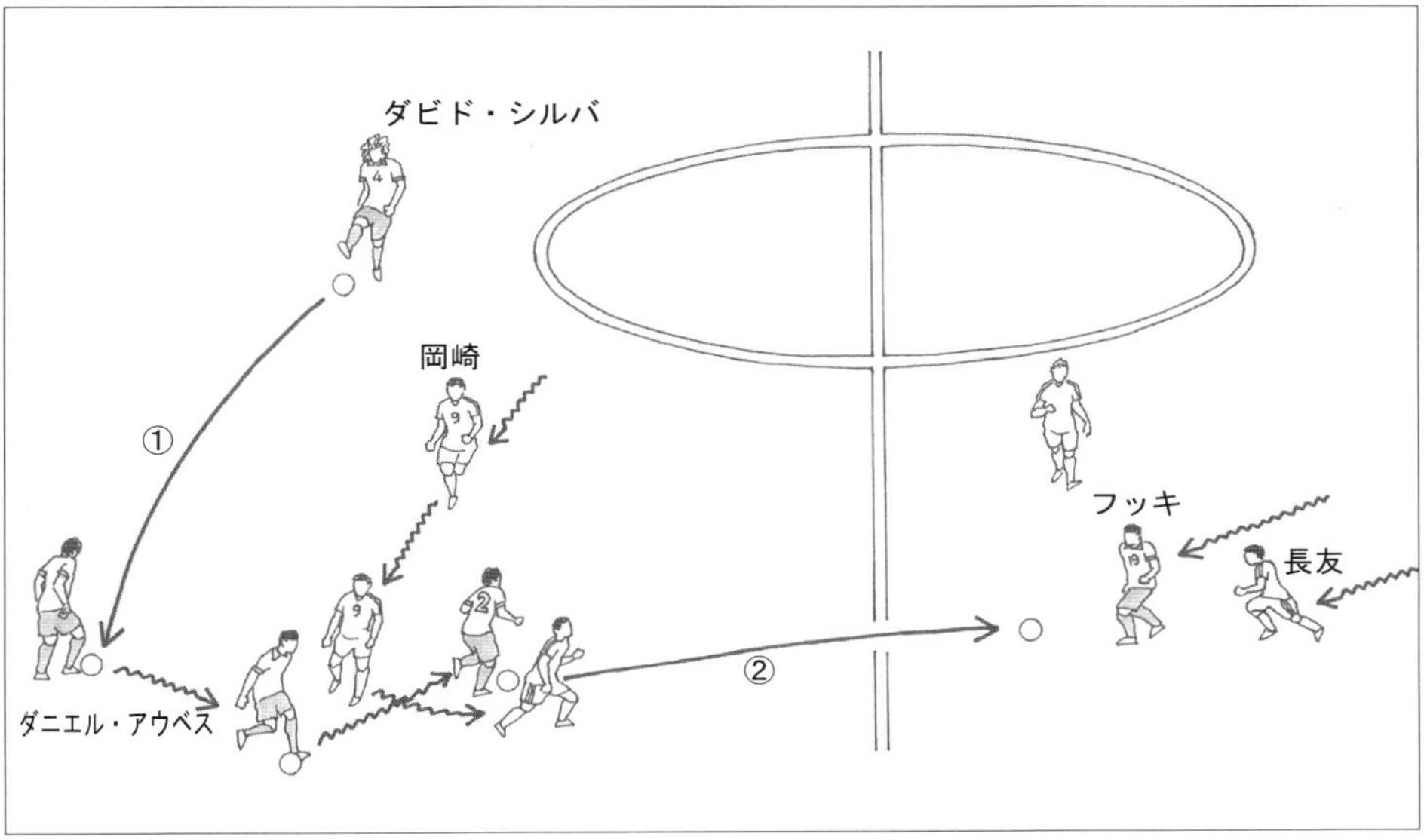

①ダビド・シルバからダニエル・アウベスへパスが出る。
②ダニエル・アウベスは引いてきたフッキの足下へパス。

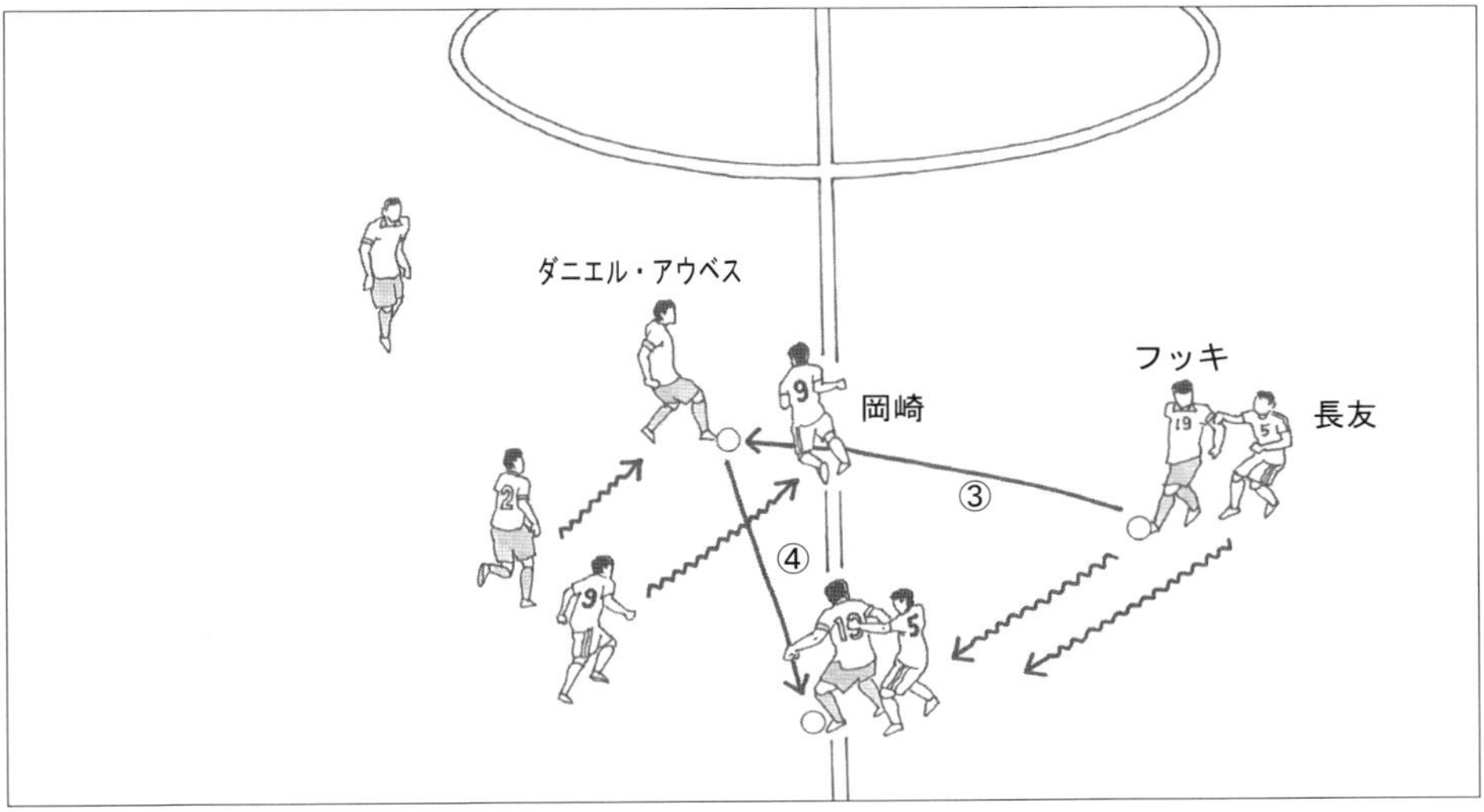

③フッキはダニエル・アウベスへワンタッチで戻すが、岡崎がチェイシング。
④ダニエル・アウベスはワンタッチでフッキへ戻す。

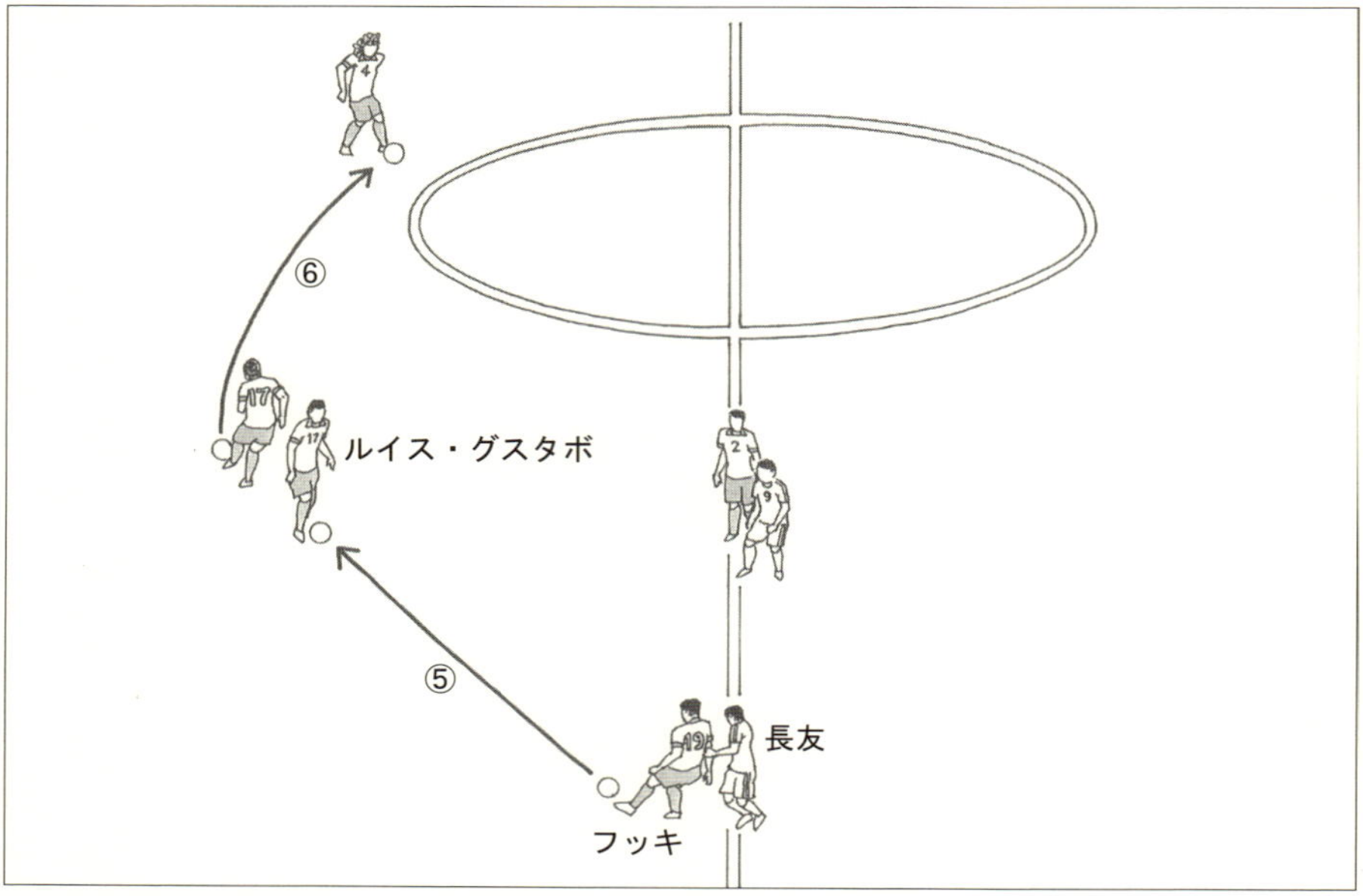

⑤フッキは背後からプレッシャーをかけてくる長友を抑えながら、サポートについたルイス・グスタボにバックパス。
⑥ルイス・グスタボは左へ展開し、日本の包囲網からボールを脱出させた。

き場を失っていた。

前方にパスコースはない。後方にルイス・グスタボがフリーでいるが、岡崎の追い込みが速いので安易に下げれば、今度はルイス・グスタボが岡崎にプレッシャーをかけられる。そもそもボールと岡崎の間に体を入れようとする瞬間に、岡崎にボールをかっさらわれる危険も大きかった。ダニエル・アウベスにとってはかなり苦しい状況で、日本としては高い位置でボールを奪えるチャンスになっていたわけだ。

ところが、ダニエル・アウベスは岡崎の動きをよく見て、動いている岡崎の左足の外ぎりぎりの場所にボールを通過させた。右足のアウトを使って、素早くボールを右横へ出したのだ。岡崎は動いている最中だから足は出ない。ダニエル・アウベスが掻き出したボールをフッキが拾う。フッキには長友がずっとピッタリとマークしているので、フッキも前を向くことはできないが、体を入れてボールを確保した後、フリーで待っていたルイス・グスタボへバックパス。ルイス・グスタボは左へ展開し、日本の包囲網から脱出した。

局面的にはダニエル・アウベスと岡崎、フッキと長友の2対2、それぞれの背後にルイス・グスタボと長谷部が控えている3対3である。日本はブロックの中には侵入されていないので、この局面で崩されたわけではない。侵入を試みたブラジルをいちおうは撃退した形だ。ただ、ボールを奪えそうな状況だっただけに取り逃がしたともいえる。

実際、岡崎のチェイシングは凄まじく、普通のチームならボールを失っていたと思う。ところがさすがにブラジル、ダニエル・アウベスとフッキの間でワンタッチパスをかわしてボールを確保してしまった。ダニエル・アウベスからフッキへの2本目のパスが決定的だった。あそこにパスをするとは岡崎も長友も予想できなかったので、一瞬だが対応が遅れている。

technique 18

ダニエル・アウベスのディフェンスラインの手前へのクロス

［ブラジルVS日本　48分］

ネイマールが左サイドからカットイン、日本のディフェンスラインの手前を横切り、フッキへパス。フッキから右サイドに開いていたダニエル・アウベスへパス。ダニエル・アウベスはコントロールした後、右足で日本のラインの手前へ低いクロスボールを入れると、パウリーニョが戻りながらこのボールを受け、ワンタッチコントロールから反転しながら右足でシュート。GK川島の手を弾いてゴールインした。

このゴールの伏線になっているのは、ネイマールのドリブルである。左サイドからカットインする間に、日本のディフェンスラインがペナルティーエリア内に下がっていた。フッキから右サイドのダニエル・アウベスにパスが出たとき、日本がディフェンスラインを少しでも上げていれば、この形での失点はなかったかもしれない。

クロスを入れたダニエル・アウベスには、日本のラインがペナルティスポットのあたりまで深く引いているのが見えたのだろう。ライン上へのハイクロスでは

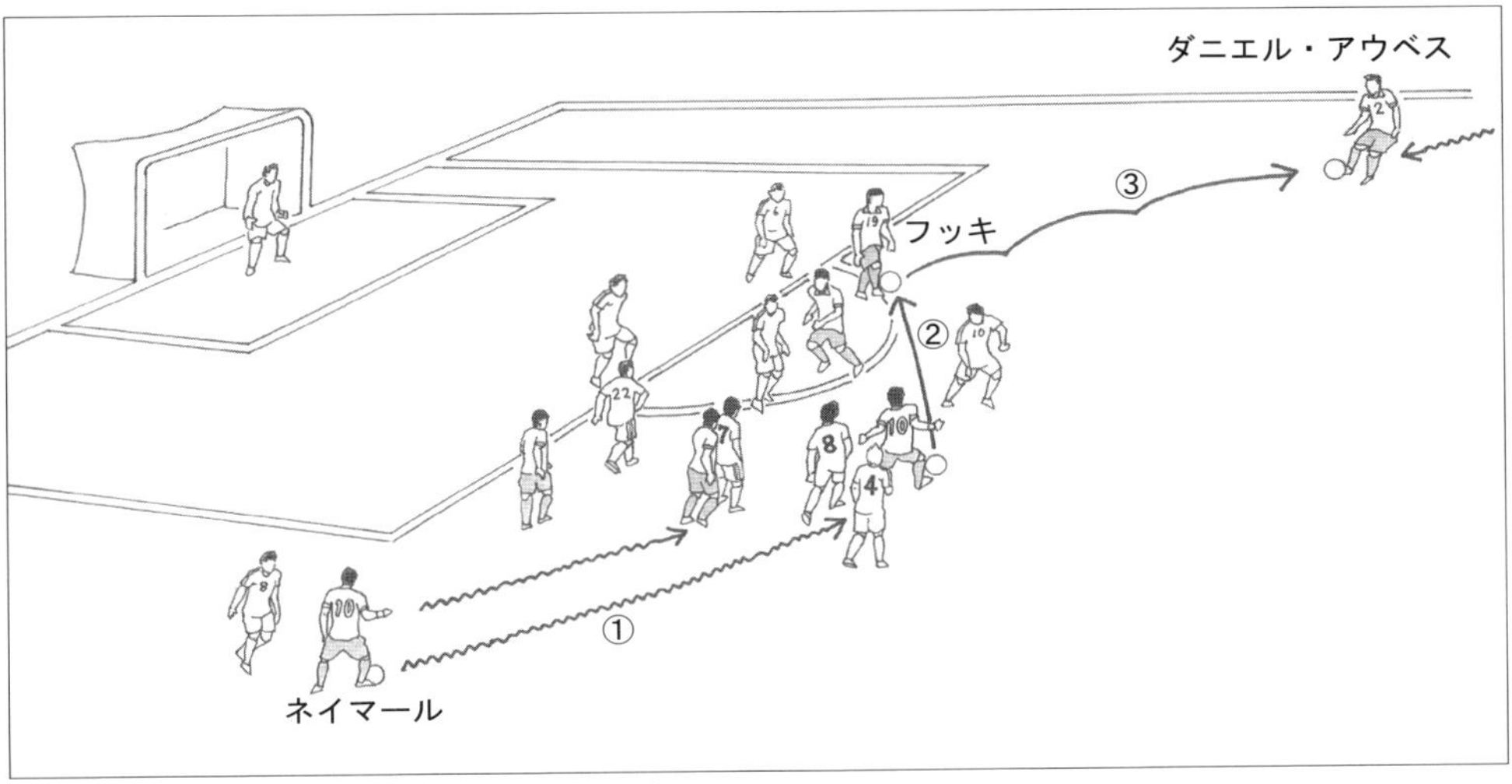

①ネイマールが左サイドからドリブルでカットイン。
②ネイマールはフッキへパス。
③フッキから右サイドに開いていたダニエル・アウベスへパス。

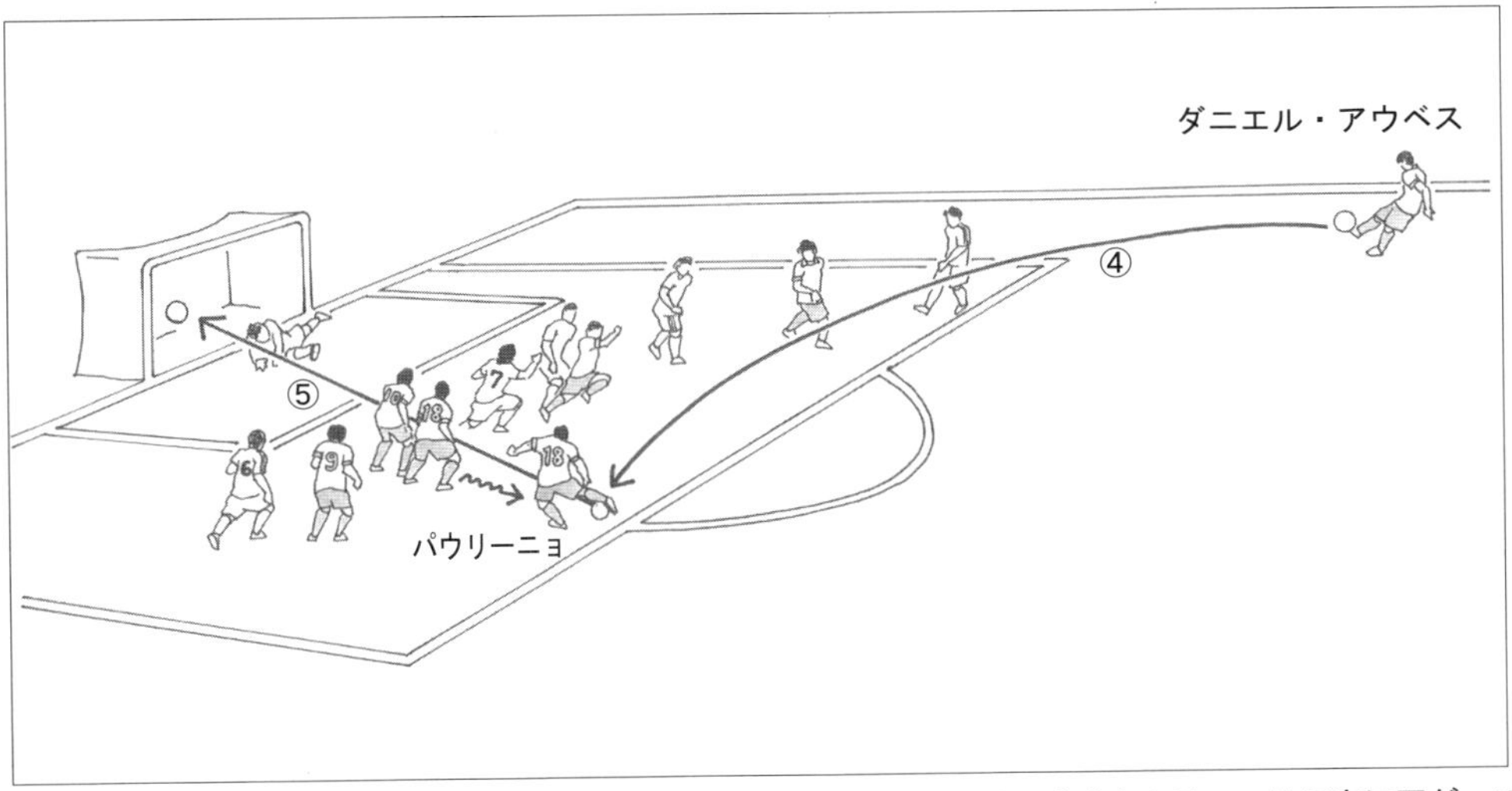

④ダニエル・アウベスがパスを受けた時点で、日本の DF ラインはペナルティエリア内に下がっていた。それを見たダニエル・アウベスは日本の DF ラインの手前へクロスを入れる。
⑤パウリーニョが戻りながらこのパスを受けシュート。

なく、ラインの手前に低いボールを入れた。パウリーニョがラインから戻ってボールを受けているが、パウリーニョの背後にはフレッジがいて、ボールのコース上にはオスカールもいた。ダニエル・アウベスがこの3人の誰を狙って蹴ったのかは定かではないが、日本のラインの手前にスペースがあったので、そこへボールを入れれば誰かが拾ってくれるだろうという狙いだったのではないか。

遠藤がディフェンスラインから前に出てカットしようとしたが間に合わず、パウリーニョは落ち着いてコントロールしてから低くて強いシュートを放った。パウリーニョはボランチのプレーヤーだがストライカー並の得点感覚を持っていて、よくゴールを決めている。このシーンでも冷静にシュートしていた。

サイドからのクロスボールはGKとラインの間を狙うアーリークロスのほか、ライン上の味方を狙うハイクロス、そして戻りすぎたラインの手前を狙うプルバックがある。この場面でのダニエル・アウベスのクロスはマイナス方向のプルバックではないが、ラインの手前のスペースを狙ったものだ。守備側の位置によって3種類のクロスのどれかを選択することになる。ダニエル・アウベスの判断は的確で、ボールの質も良かった。強すぎず弱すぎず、戻る味方がちょうど拾える質のボールになっていた。

technique 19

オスカールのスルーパス

［ブラジルVS日本　93分］

ロスタイムに入って3分、日本の攻撃を防いだブラジルがカウンターアタックから3点目を決めた。自陣左側からオスカールがフリーでドリブル、オスカールは対面する内田を揺さぶってパスコースを作り、内田と吉田の間を通すスルーパス。吉田の裏に走り込んだジョーがフリーで抜け出して左足で冷静に流し込んだ。

2―0でリードしたブラジルがダメ押しの3点目を決めた。オスカールがドリブルを開始したときに前田が追走しているが、途中で追うのを止めている。バックパスを警戒したのと、奪えた場合を考えて残ったのだろう。0―2のロスタイムでなければ、前田は得点の可能性に賭けるよりも失点のリスクを優先したと思う。

フリーで持ち上がったオスカールの前面には内田。中央には吉田と今野がいた。吉田と今野の間にジョー、今野の外側にはルーカスが来ている。オスカールは左右に体を振って内田を揺さぶり、少し内側へ入ってパスコースを作った。

オスカールが内田と駆け引きしている間に、中央ではジョーが吉田との駆け引きを行っている。ジョーは吉田から今野のいるほうへ動いた。内田のカバーをしなければならない吉田はジョーを追うことができず、結果的に背後の見えない場所へ入られている。このジョーのポジショニングが勝負の分かれ目になった。

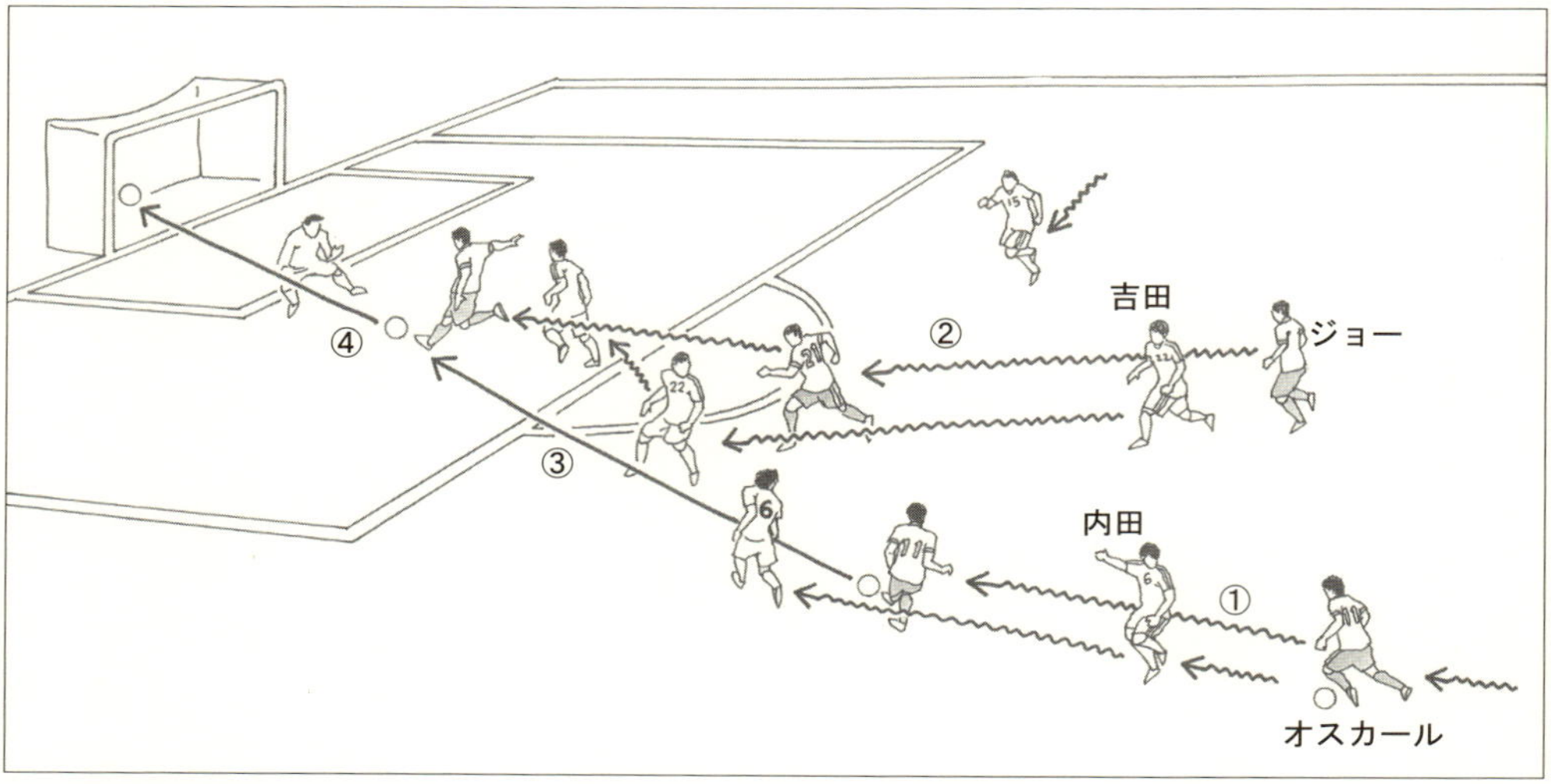

①オスカールがフリーでドリブルで上がる。オスカールは体を左右に振って内田をゆさぶり、内側へ入ってパスコースを作った。
②その間、中央にいたジョーは吉田の背後の死角に入る。
③ジョーが斜めに走ると同時にオスカールがスルーパス。吉田があわてて反転するが先に走り出していたジョーに追いつくことができず振り切られてしまった。
④ジョーは余裕を持ってシュートを決めた。

吉田の背後に入ったジョーが斜めへ動き出すと同時に、オスカールからディフェンスラインの裏へスルーパスが出る。吉田が反転してボールを追うが、先に走り出していたジョーに振り切られてしまう。余裕で吉田を振り切ったジョーはペナルティーエリア内でパスに追いつくと左足で正確なシュートを流し込んだ。

サイドからカットインして、サイドバックとセンターバックの間を通す、スルーパスの典型のようなシーンだった。

この場面でいえば、吉田はジョーとボールを同一視野にとらえるのは不可能なので、ジョーの動き出しを感知できない。ジョーの動きが見えているのは今野だけだ。つまり、ジョーをマークすべきは今野なのだ。ところが、現実に今野がジョーをマークするのも不可能だった。今野と吉田の距離が離れすぎていて、到底カバーに動いても間に合わなかった。日本はまともにカウンターを受けていて、今野はルーカスをウォッチするのに精一杯であり、吉田に近づく時間を与えられないままフィニッシュされている。この状況で何かをできるとすれば内田、吉田、川島の3人である。内田はオスカールによく対応していた。パスは出されてしまったが、あれ以上の対応は無理だろう。防げるとしたらまず吉田だった。考えられる対策としては、ジョーが見える位置まで下がってしまうこと。そうすれば裏をとられなかっただろう。しかし、それではジョーへのパスをまったく防げなくなり、楽々とパスを通されてしまう。裏をとられるよりはマシだったかもしれないが、フリーでシュートを打たれてしまうことになる。

もう1つの選択としては、ラインを止めてジョーをオフサイドにすること。ただ、これもボールを持っているオスカールに余裕があったのと、自陣へ走っている今野との呼吸が合わなければラインが揃わないリスクがあった。そもそもラインを止めたところでジョーをオフサイドにできたかどうかはかなり怪しい。

吉田の対応はミスとはいえない。ただ、ジョーが裏を狙っていることを感知していたかどうか。読みの問題だろう。わかっていてやられてしまったのだと思うが、読めていながら完全に振り切られてしまったのは物足りない。ただ、吉田の視野から消えてから飛び出したジョーの動きとタイミングは完璧だった。オスカールのパスもどんぴしゃで、ブラジルの精度と駆け引きが上回った、防げない点だったといえる。

technique 20

ネイマールの胸コントロール

［ブラジルVSウルグアイ　41分］

左サイドのネイマールから中央のパウリーニョへ横パス、ネイマールはそのまま前方へ走る。パウリーニョはネイマールへ浮き球のミドルパスを送る。ネイマールはマキシ・ペレイラとルガノの2人にマークされていたが胸トラップで2人を振り切ってシュート、飛び出したGKムスレラに弾かれたが、こぼれ球をフレッジがシュートして得点。

ウルグアイの堅守に苦しんでいたブラジルが、ようやくこじ開けた先制点のシーンだ。ネイマールとパウリーニョのスケールの大きいワンツーから、ネイマールが見事な胸を使ったコントロールで2人のＤＦを置き去りにしてシュート、そのこぼれ球をフレッジが二段蹴りのようなフォームのシュートで決めた。

このシーンでのポイントはネイマールの胸を使ったコントロール。ネイマールのすぐ側に2人のウルグアイＤＦがいたのだが、胸トラップ一発で振り切っている。ネイマールは胸トラップが非常に巧みだ。この場面では軽くジャンプしながらコントロールしていて、背後からマキシ・ペレイラに接触されているのだが、きれいに前方へ落としている。

胸トラップは胸の筋肉のついた部分にボールを接触させる。ひとことで胸といっても右側と左側があるわけだ。使い分けは右足、左足と同じである。

例えば、右サイドからハイクロスが飛んでくるとすると、胸で止めてボレーシュートを狙うなら胸の左側

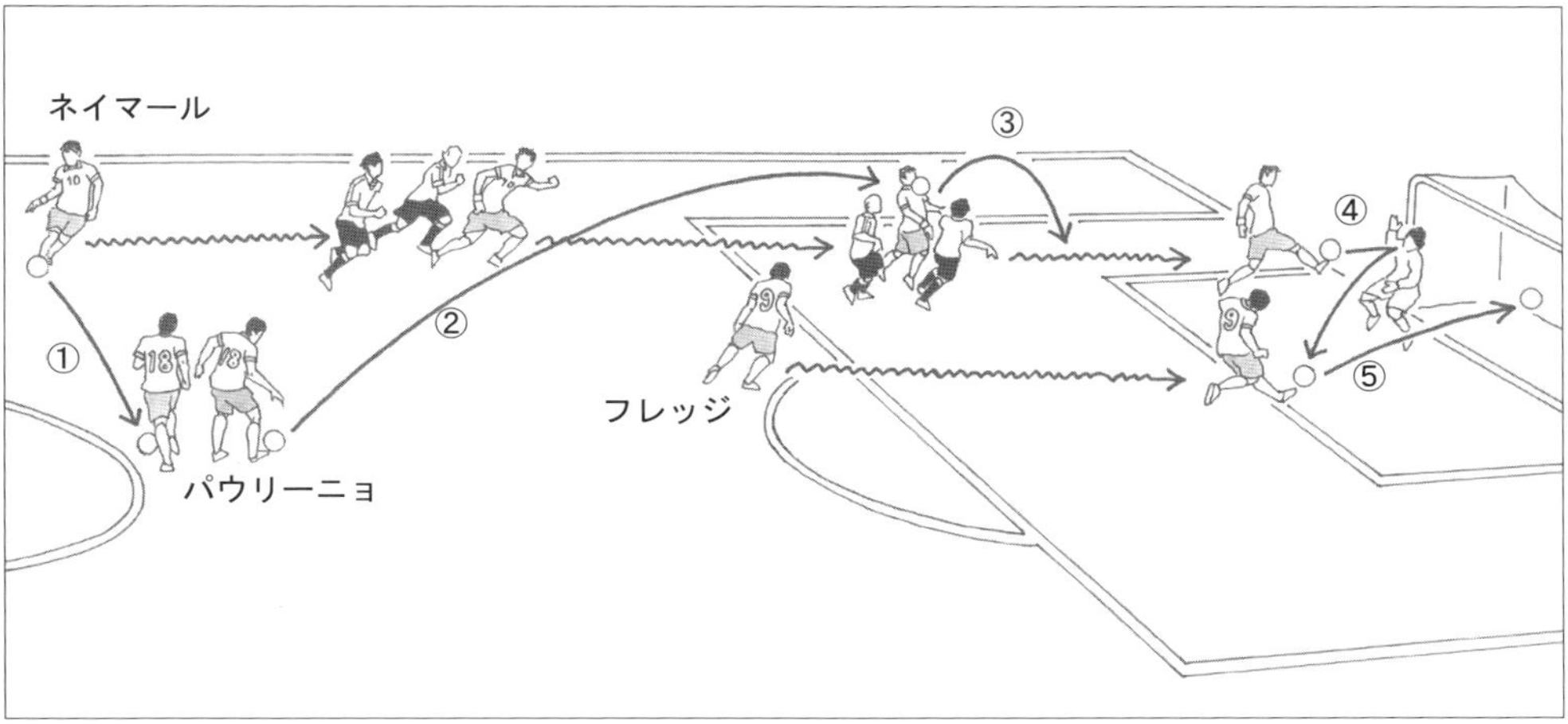

①左サイドのネイマールから中央のパウリーニョへパス。
②パウリーニョは前線へ上がったネイマールに浮き球のパス。
③ネイマールは胸でボールをコントロール。
④マークを振り切ってシュートするが GK ムスラムに弾かれる。
⑤こぼれ球をフレッジがシュート。

を使う。前方のスペースへ落として走り、マークを振り切るなら右胸を使いながら体をひねる。その場にピタリと止めるならボールが来るほうとは反対の胸を使うのが基本になるのは、足で止めるのと同じである。

ネイマールは縦へボールを持ちだしているので、右胸を使ったのではないかと思われるがスロー映像で見ても残念ながらその点ははっきりわからない。パウリーニョのパスも横からのクロスではなく、後方からのボールなのでどちらでコントロールしなければならないという場面でもない。また、左か右かは足同様に得手不得手があるので、片側しか使わない選手もけっこういる。ただ、ネイマールが自分の左側へボールを運ぶ意図があったことから、右胸を使った可能性が高いと思う。左胸に当てながら体を開くよりも、右胸に当てて左方向へボールを落とすほうが簡単だからだ。

相手にとって胸でコントロールしたボールがどこへ動くかは予想しづらい。２人のウルグアイＤＦがまず体を寄せようとしたのはノーマルな対応だと思う。ところが、おそらく彼らの予想以上にネイマールは胸を使ったコントロールに長けていて、結果的に寄せていこうとする逆をとられて入れ替わられている。これに

フレッジのシュート。
フレッジは左足で蹴るようにジャンプしたがタイミングが合わず、右足でシュート。
ボールにはうまくミートしなかったが、二段蹴りのようなフォームがフェイントとなり、誰も反応できなかった。

はもちろんネイマールの瞬間的な動きの速さも大いに関わっている。

2人のDFを振り切ったネイマールはGKムスレラの飛び出しを見て、右足のアウトサイドで守備範囲を外す浮き球のシュートを試みるが、少しムスレラの腕に当たってコースが変わった。そのためゴールにはならなかったが、ボールは正面にこぼれ、そこへフレッジがすかさず詰めていった。

ここからはフレッジの本領発揮だった。バウンドするボールに猛然とアプローチするフレッジの前方には、いったんゴールカバーに入ってからシュートコースを消そうとするルガノがいて、フレッジの左側からはゴンサレスが寄せていた。最初、フレッジは左足で蹴るような動作だったが、ちょっとステップが合わせずらく、おそらくそのままシュートしていたらゴンサレスにブロックされていたかもしれない。フレッジは左足を振り上げながら軽くジャンプし、着地の前に右足でシュートした。空手の二段蹴りのようなフォームだった。フレッジが左足を振り上げながらボールへアプローチしたことで、側面のゴンサレスはブロックに動けなかった。左足がゴンサレスへの盾の役割を果たしたわけだ。

左足を使ってゴンサレスを牽制した後、ジャンプしたまま右足で蹴ったのはルガノにとっても、ゴールカバーに入っていたDFにとっても予想外だった。シュート自体は当たり損ねのように、ややアウトサイドに当たって右ポストぎりぎりに入っている。いわばボテボテに近いシュートなのだが、迫力のあるフォームがフェイントになっていたのだろう。誰も反応できなかった。

左足を振り上げながらジャンプして突っ込み、相手DFを脅かしたアイデアはストライカー、フレッジらしい。ゴール前の一瞬のチャンスを生かす〝押しの強さ〟、どんな形でもボールをゴールに入れてやろうという強い執念を感じさせるシュートだった。

technique 21

ブスケツの背後の相手を意識したコントロール

［スペインVSイタリア　44分］

左サイドのペドロから中央のブスケツに浮き球のパスが出る。
ペドロが蹴った時点でブスケツはフリーだったが、背後からジラルディーノが素早く寄せてきた。
しかし、ブスケツは左肩で浮き球をコントロールした後、
バックパスのフェイントを入れて右足アウトサイドでコントロールして背後のジラルディーノの逆をつき、
ペドロの足下へパス。

どちらも丁寧にパスをつなぎながら攻撃を組み立てるが、相手の守備を崩しきれない展開が続いた44分のプレー。試合展開に影響を与えたわけではないが、なかなか高度なボールコントロールである。

左サイドでペドロがボールを持つが、イタリアはすっかり守備組織ができていた。出しどころがないペドロは中盤中央にいるブスケツに浮き球のパスを送る。フワリとしたパスがペドロから出た時点でブスケツはフリーだった。しかし、ブスケツの背後からジラルディーノが素早く寄せていった。ここでブスケツがボールを失っていてもおかしくない状況だった。

ブスケツは左肩あたりで浮き球をコントロールし、

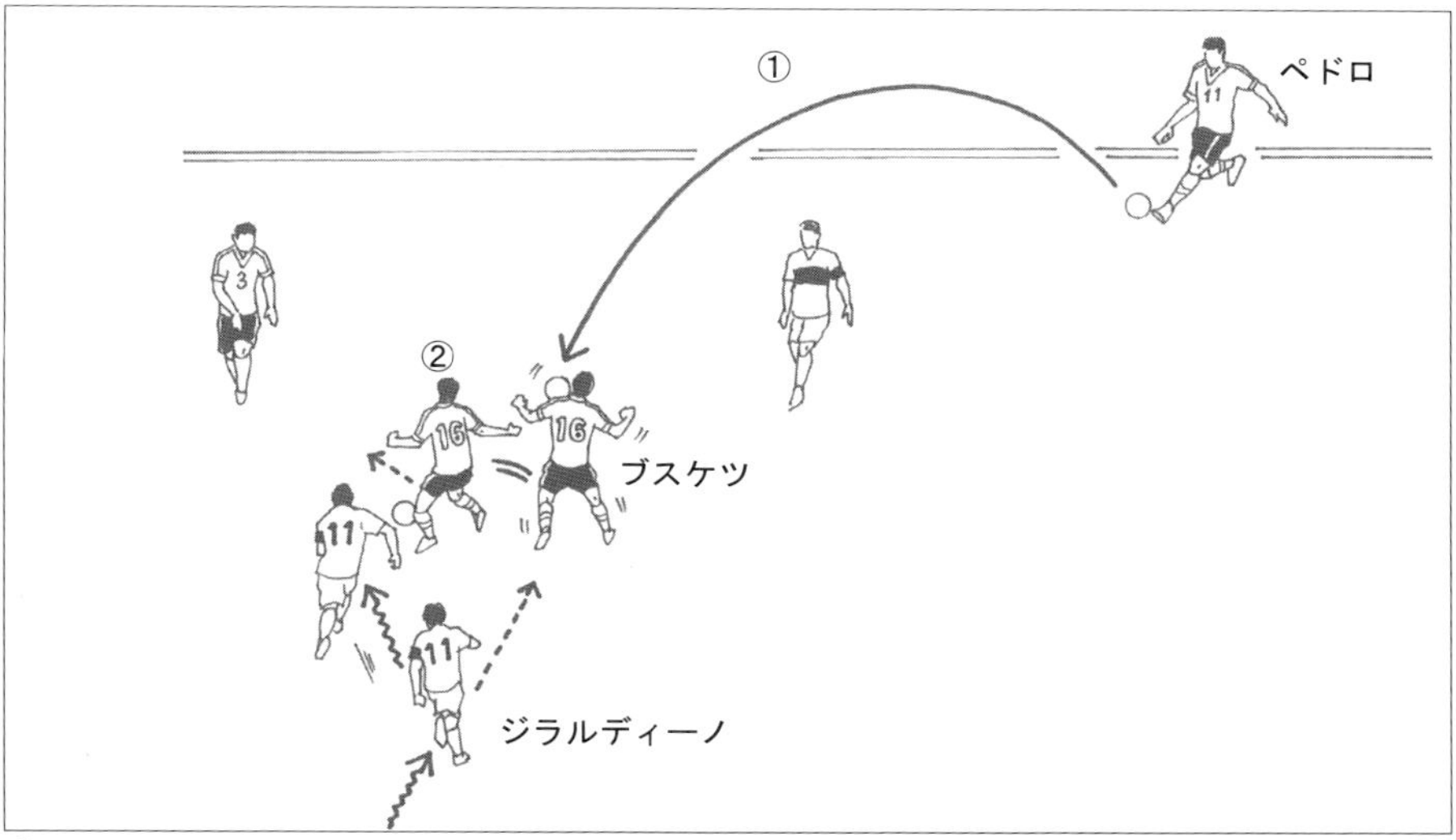

①ペドロから中央のブスケツに浮き球のパスが出る。
②ブスケツの背後からジラルディーノが素早く寄せてきた。ブスケツは左肩で浮き球をコントロールした後、バックパスのフェイントを入れる。

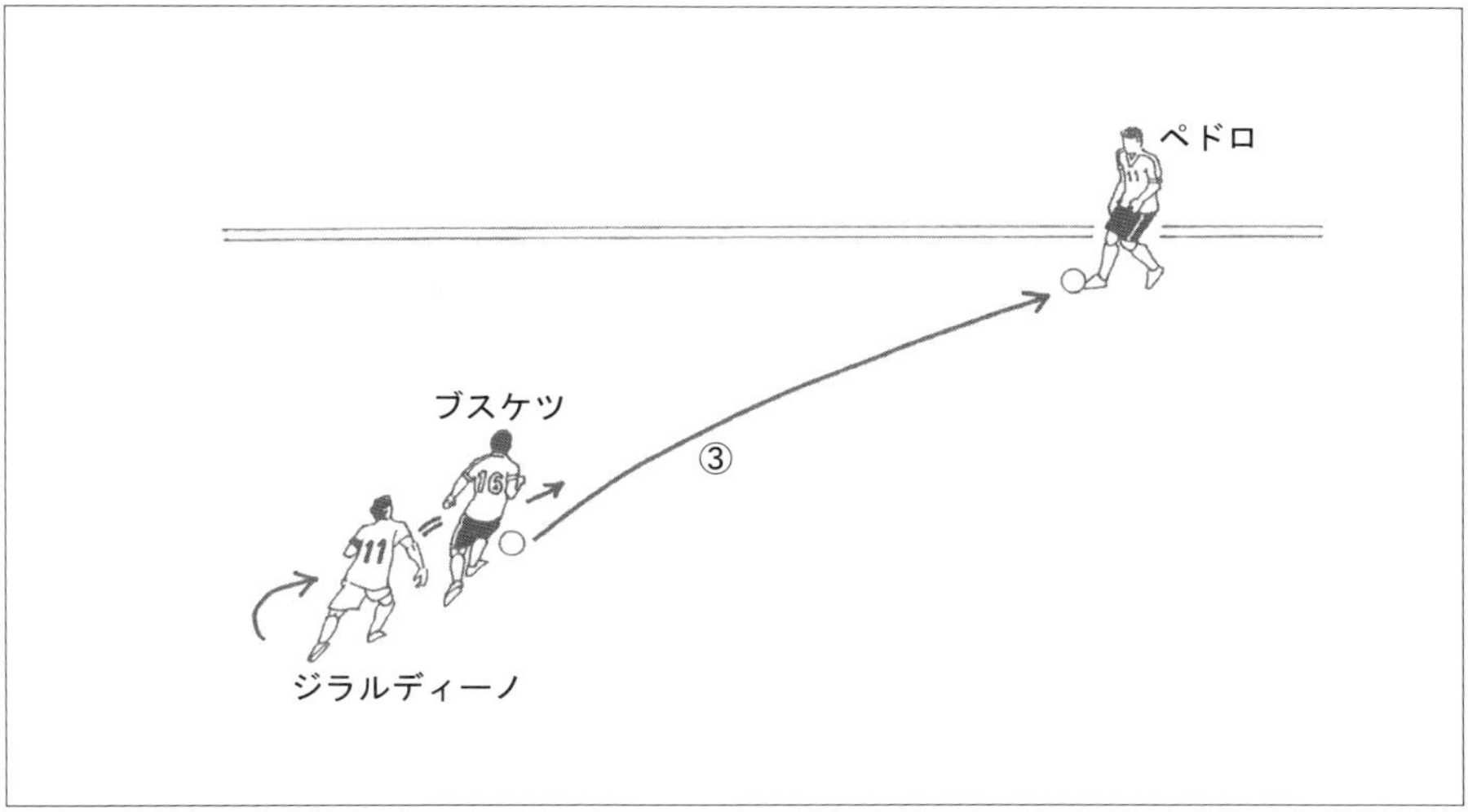

③ブスケツは右足アウトサイドでボールをコントロール。ジラルディーノの逆をつき、ペドロの足下へパス。

ボールが地面に落ちる前に体をひねってバックパスの体勢に入る。彼の後方にはピケがフリーでいた。ジラルディーノはブスケツのバックパスをカットしようと動く。ところが、ブスケツはバックパスするとみせて右足のアウトサイドでコントロール、背後のジラルディーノの逆をつくトラップで前方へボールを持ちだしてからペドロの足下へパスした。

何気ないプレーだが、この一連の動作でブスケツは一度も背後のジラルディーノを確認していない。それなのに、背後からジラルディーノが寄せてきていることがわかっていてフェイントを使って逆をとっている。「後ろに目がある」という言い方があるが、まさにそういうプレーだった。

なぜ、ブスケツは自分の背後の状況がわかったのか。考えられるのは、ペドロからパスが出る以前にジラルディーノの位置を確認していたこと。実際、ペドロへボールが渡ったときにブスケツはチラリと自分の後方を見ている。このときのジラルディーノはブスケツからかなり離れた位置にいるのだが、ブスケツはジラルディーノの存在をすでに意識していたに違いない。その後、ペドロがボールを蹴ってからは背後を見ていないのだが、この状況で自分にプレッシャーをかけてくるとすればジラルディーノしかいないことは知っていただろう。

もう1つのポイントは、おそらくスペインの選手の誰かが背後からジラルディーノが迫っていることを声でブスケツに伝えたのだと思う。これは推測だが、こういうケースでは味方が注意を促すのが常識だからだ。英語ではマノン（MAN ON）、ポルトガル語ならラドロン（泥棒）など、言い方はいろいろだが背後に相手が迫っている状況を知らせるのは日常的に行われるサッカーのイロハである。まず間違いなく、誰かがブスケツに声で注意喚起したと思われる。

ブスケツは、ジラルディーノが自分にプレッシャーをかけにくる可能性を事前に認識していた。そして、味方から声がかかったことでジラルディーノが来ていると確認した。だから、背後を見なかったのではないか。

ペドロからのパスは浮き球であり、ボールから目を離すのは難しい。しかし、ブスケツほどの選手ならば、チラリと背後を見ることはできたと思う。これも推測になってしまうが、たぶんブスケツはわざと見なかったのではないか。チラリとでも見れば、ジラルディーノはブスケツが自分に気づいたとわかる。そうなると、ジラルディーノはブスケツが何かやってくるのではないかと警戒する。状況的にボールが飛んでくる途中でブスケツが背後を見るとすると、もう一度ボールを見たときはボールは目の前だ。ワンタッチで、たとえばヘディングでピケに戻すぐらいしか選択肢がなくなる。

ジラルディーノが来ているのはわかっている。どちらから、どう寄せてくるかは見なければわからないが、むしろ見ないことでジラルディーノがフェイントに引っかかる可能性は大きくなる。背後を見ればボールコントロールの余裕もなくなる。だから、ブスケツはわざと見なかったのだ。ボールに集中してコントロールし、落ち際でフェイントをかけた。ジラルディーノはブスケツが自分の存在に気づいていないと思っているから、それがフェイントだとは気づきにくい。もし、チラリとブスケツが見ていたら、ジラルディーノはバックパスのフェイントには釣られなかったのではないか。

technique 22

イニエスタのボールを晒《さら》さないドリブル

［スペインVSイタリア　64分］

ハーフウェイラインを越えて中央左にいたイニエスタへ浮き球のパスが通る。イニエスタはモントリーボを背負いながらコントロール、反転してモントリーボとカバーについたマッジョを抜いて突進、ボヌッチも抜いて右足でシュートするが右へ外れる。

膠着状態のゲーム展開の中、イニエスタが3人を外してシュートへ持ち込む個人技で打開を図った。シュートは右へ外れてしまったが、モントリーボを背負った状態でパスを受けてからシュートへ持っていったドリブルは圧巻だった。

この一連のドリブルで、イニエスタはモントリーボからボールを守り、反転して外し、さらにカバーに来たマッジョを抜き、1対1でボヌッチも抜いているのだが、その間に一度もボールを晒していない。相手にタックルのチャンスを与えていないのだ。ボールと自分と相手の位置関係を感覚的に把握し、常に最適な位置にボールを置く能力には驚嘆させられる。

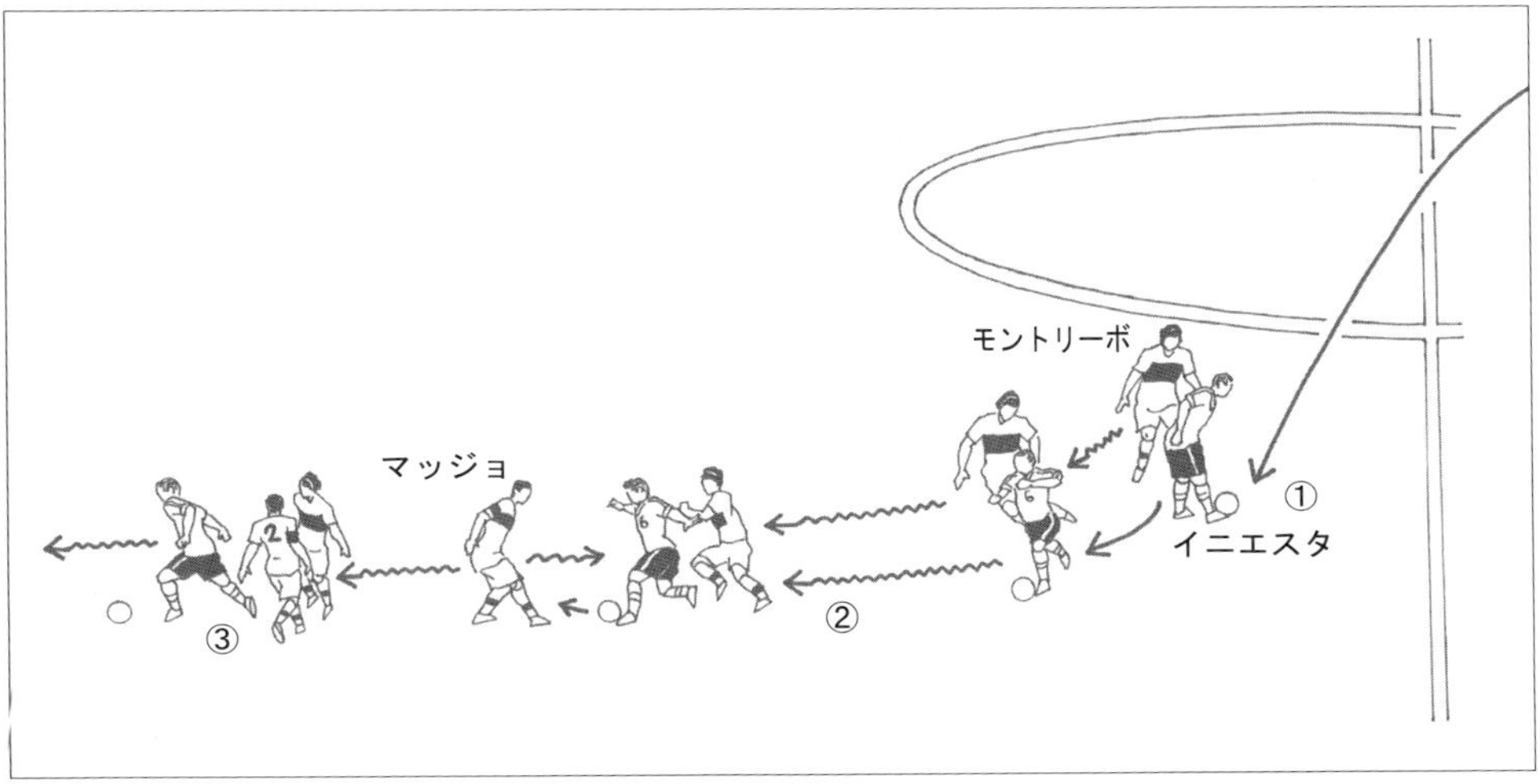

①浮き球のパスを受けたイニエスタは右足でボールをコントロール。
②モントリーボをかわした後、左足でボールを持ち出しスピードアップ。
③前方にいるマッジョも抜き去る。

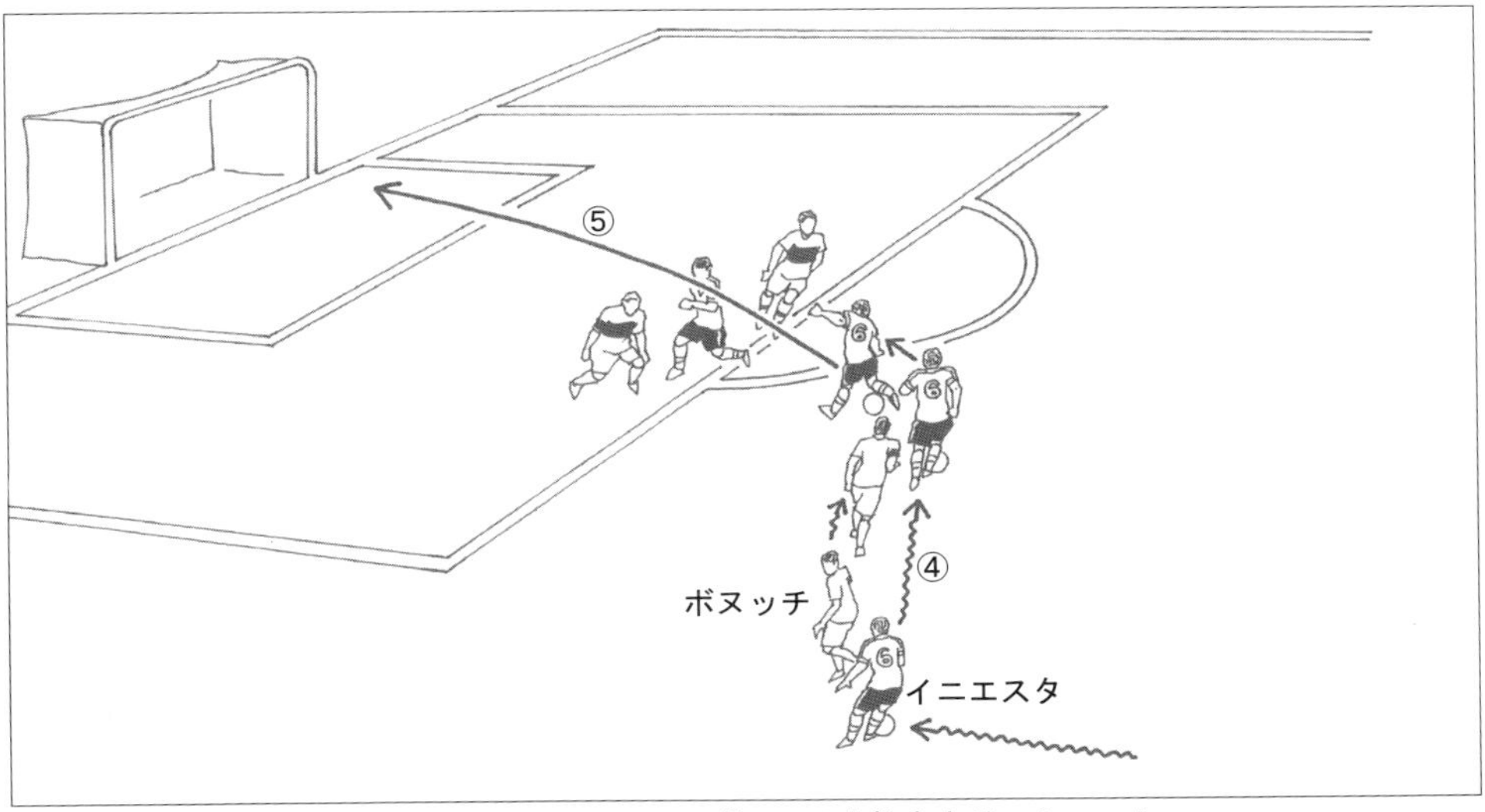

④～⑤右足アウトサイドでカットインしてボヌッチを抜き去り、シュート。

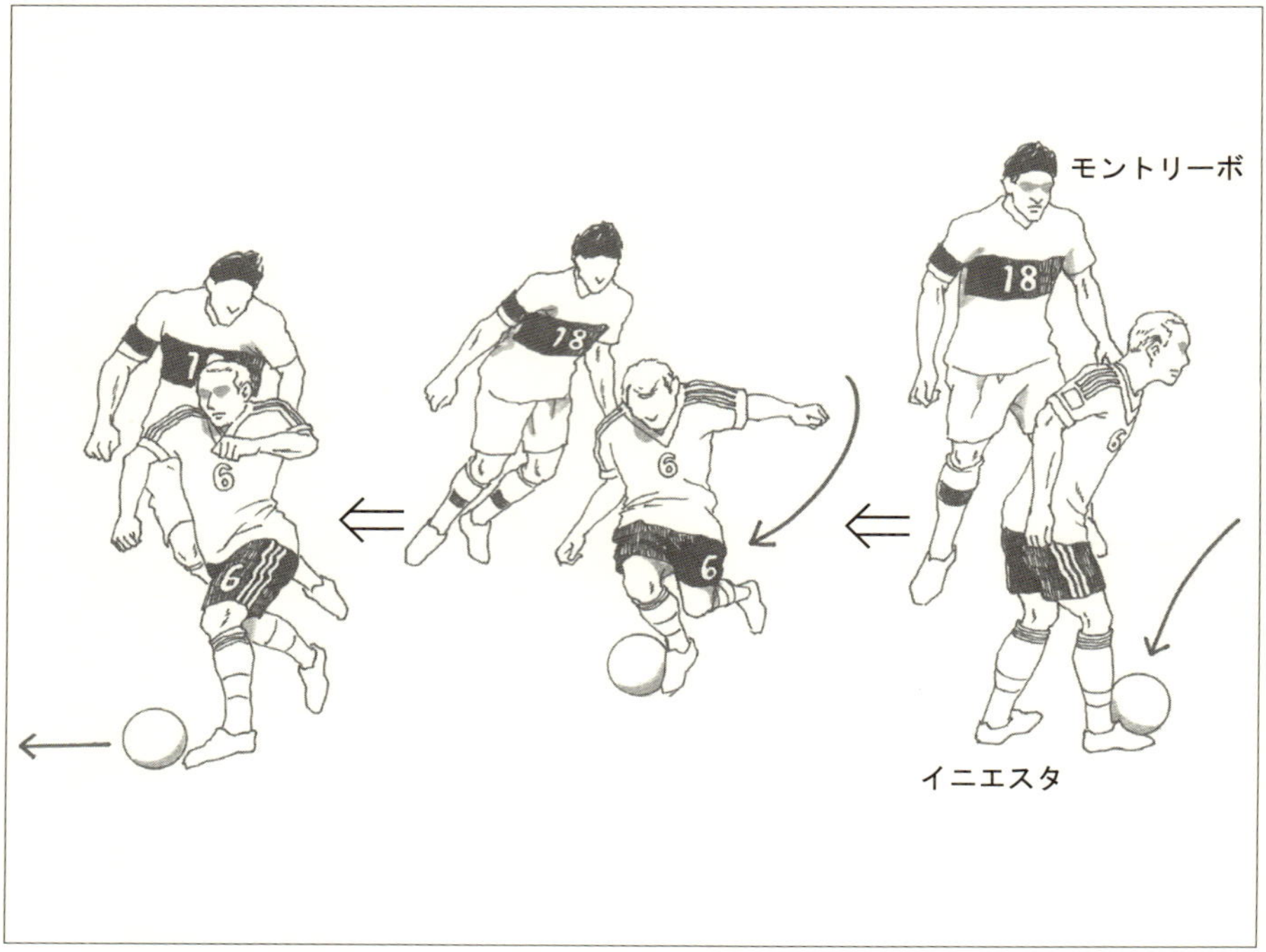

イニエスタは浮き球を右足でコントロールし、右足アウトサイドでターンし、モントリーボのマークを外して左足にボールを持ち替える。モントリーボから遠い方の足でボールを扱いタックルのチャンスを与えなかった。

順番にイニエスタのプレーを追っていこう。まず、中央から送られた浮き球のパスを右足のインサイドでコントロール、右足の近くに落としたボールを小さく右足でついて、モントリーボから遠い位置にボールを置いている。最初のコントロールの段階でモントリーボとの間には自分の体が入っているが、モントリーボの寄せを予測して、さらにボールを少しだけ遠ざけた。

イニエスタは一歩ボールに寄る、背後のモントリーボも寄せる、この瞬間に右足アウトサイドでターンしてモントリーボのマークを外した。外したときには左足にボールを持ち替えている。つまり、モントリーボから遠いほうの足でボールを扱っていてタックルのチャンスを与えていない。

イニエスタの左側からマッジョが当たりに来るが、今度は左足のインサイドで右前へボールを出してスピードアップ、

モントリーボはイニエスタに体を入れられて加速できない。
モントリーボのマークを外したイニエスタは左足のインサイドでボールを右前に出してスピードアップしマッジョをかわす。

マッジョがタックルする前に通過した。イニエスタの右斜め後ろから追っているモントリーボはイニエスタに体を入れられているために加速できず、これで2人とも置き去りにされた。

3人目のボヌッチとは、まともに1対1で対面。後退しながら間合いを計るボヌッチに対してつっかけたイニエスタは、間合いが詰まる前に右足アウトサイドでカットインする。このときボヌッチは体の左側をイニエスタに向ける半身の形で対応していた。半身で構えると、縦へのスピードには反応しやすい。横への反応はそのぶん遅くなるが、この場面では縦にぶっちぎられる危険があったので、この対応の仕方で正解だと思う。カットインしてきたイニエスタに対しても、左足を伸ばしてボールをカットしようとしている。もし、イニエスタがボールを晒すような持ち出し方をしていたら、ボヌッチの左足に引っかかっていたかもし

イニエスタは右足アウトサイドでカットイン。ボヌッチも左足を伸ばしてカットしようとするが、イニエスタはその足を飛び越えてボールを運んだ

れない。

しかし、ここでもイニエスタはボールを晒さなかった。右足アウトサイドでのタッチでカットインしたとき、深く切り返すように動かし、その次のステップで右足インサイドのタッチを使って前方へボールを運んでいる。ボヌッチの伸ばした左足とボールの間にはイニエスタの両足があり、イニエスタには届いてもボールには届いていない。イニエスタはボヌッチの左足を飛び越えて進み、右足でシュートした。

３人を外すドリブルの中で、イニエスタは相手との間に体を入れているか、少なくとも片足をボールと相手の間に入れている。ボールにタックルしようとしてもファウルになる状態を崩していない。とれそうでとれない、タックルできそうでできない。イニエスタ独特のドリブルは、自分と相手とボールの関係を的確に把握する能力によって可能になっている。

technique 23

タッチライン際でのキープとネイマールのボレーシュート

［ブラジルVSメキシコ　9分］

メキシコ陣内の右サイドでダニエル・アウベスがパスカットしてフッキにつなぐ。背後からピッタリとマークされているフッキはキープした後にパウリーニョへバックパス。パウリーニョから再びフッキ、そしてダニエル・アウベスと粘り強くつなぎ、ダニエル・アウベスがクロスを送る。クロスはメキシコDFがヘディングでカットするが跳ね返すことはできず、高く上がってファーサイドに流れると、フリーで待っていたネイマールが左足のボレーシュートでニアサイドを抜いて先制した。

開幕の日本戦に続き、第2戦のメキシコ戦でもネイマールが先制、早い時間帯でのゴールという点が同じなら、ボレーシュートというところも同じ。ただし、メキシコ戦は左足のボレーだった。

ネイマールは右利きだが、ほぼ両足利きといっていいぐらい左足も上手い。まったく力まずに自分のポイントに引きつけて蹴っているのは、右足で決めた日本戦のボレーと何ら変わらない見事なシュートだった。

ここではネイマールのシュートに至る前のブラジルのパスワークに焦点を当てたい。

右サイドのタッチライン際でダニエル・アウベスがグアルダードからボールを奪うところから攻撃が始

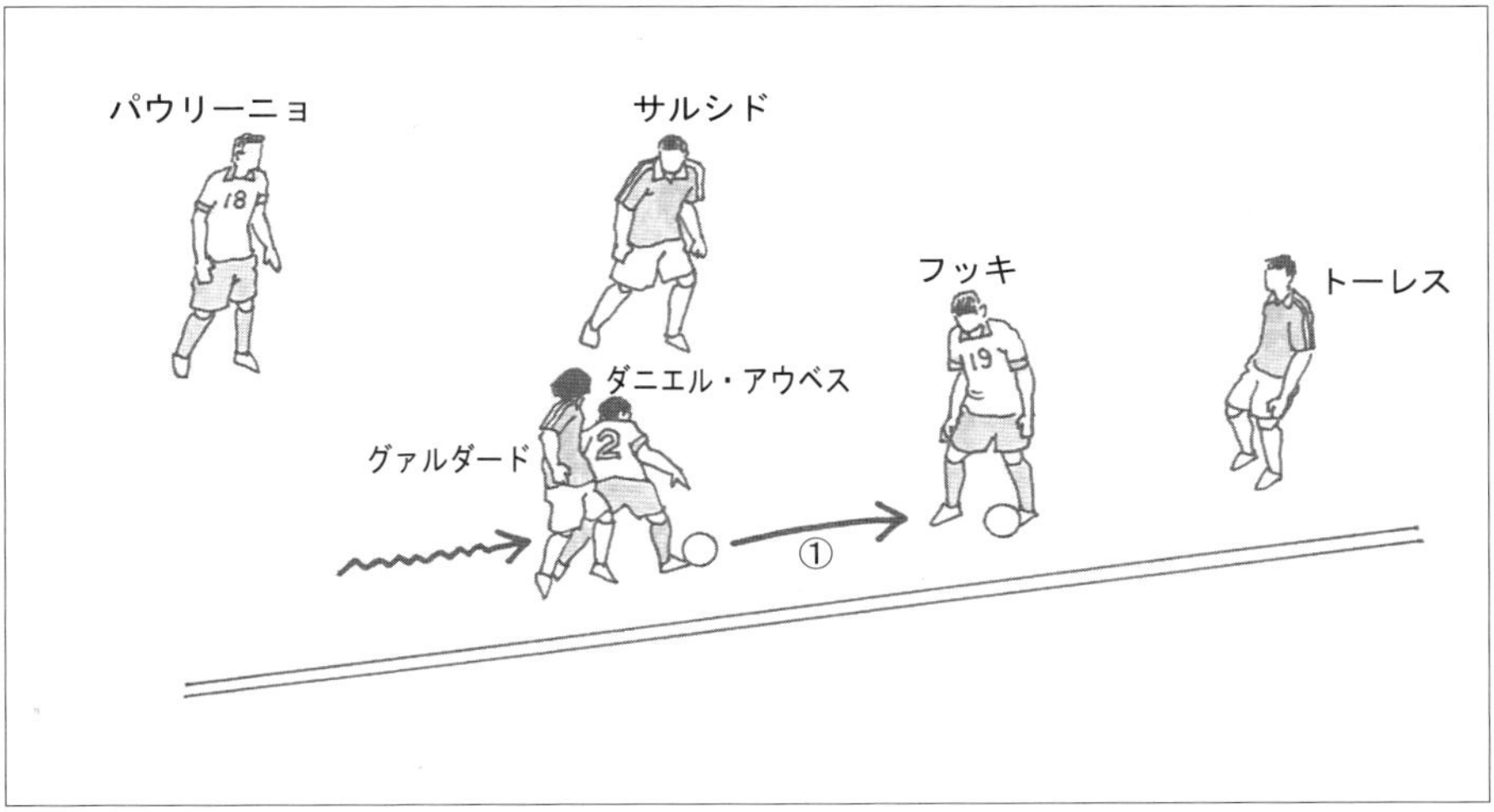

①ダニエル・アウベスがグァルダードからボールを奪い、フッキにつなぐ。

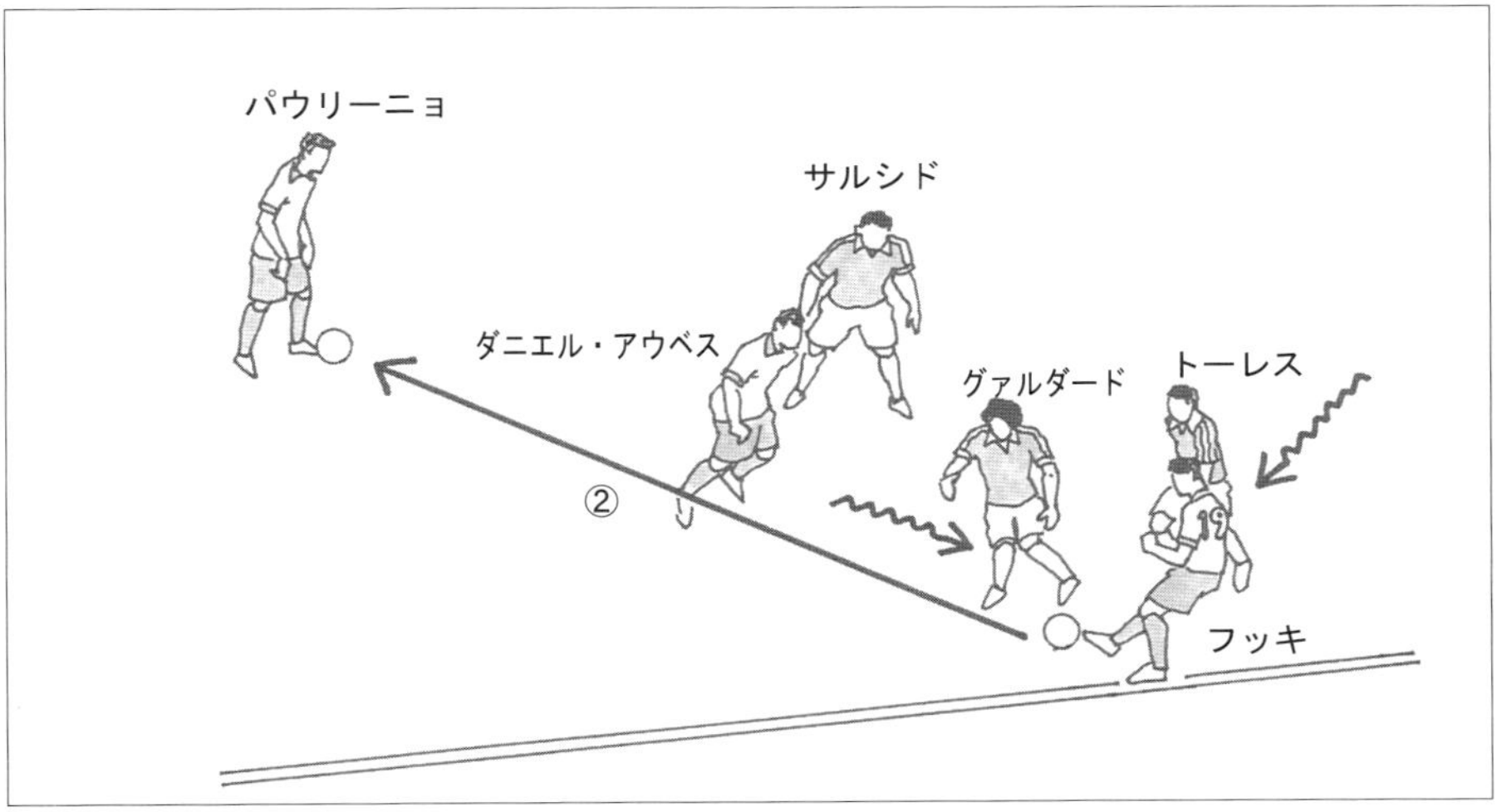

②フッキの背後からトーレスがプレッシャーをかけ、グァルダードが挟み込みにくる。パウリーニョをマークしていたサルシドがダニエル・アウベスをマーク。
これを見てボールをキープしていたフッキは、パウリーニョへバックパス。

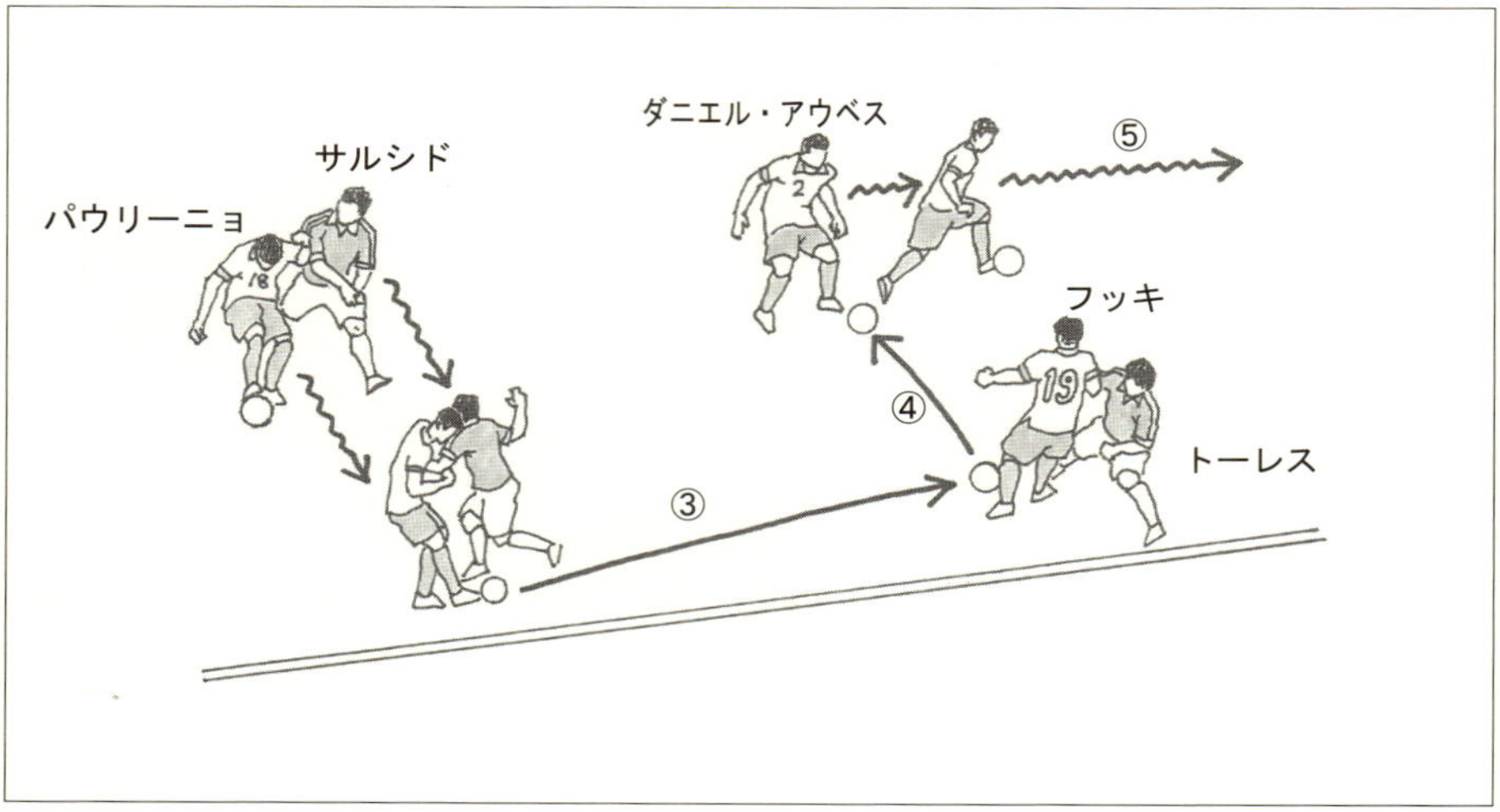

③フッキからのパスを受けたパウリーニョはボールをキープし、フッキへパス。
④パウリーニョからのパスをフッキはダニエル・アウベスへワンタッチパス。
⑤フッキからのパスを受けたダニエル・アウベスは前線へドリブル。

まっている。縦パスを受けたグアルダードの背後から寄せたダニエル・アウベスがボールをついて、前方にいたフッキが収める。フッキの背後からはトーレスが体を寄せいくが、フッキは足裏でボールを押さえたままブロックする。

フッキのキープに対して、近くにいたグアルダードが挟み込みに動く。ダニエル・アウベスと競り合っていたグアルダードが動いたことで、サルシドがダニエル・アウベスのマークを引きとる。サルシドは当初パウリーニョをマークしていた。背後から厳しくマークされているフッキにはバックパスしか選択肢がない。最も近くにいるダニエル・アウベスにはサルシドがついたのでパスできないが、パウリーニョが空いているのを発見し、パウリーニョへボールを下げる。

この最初の場面ではフッキのキープ力が効いている。非常に体の強い選手で、背後からプレッシャーをかけられてもびくともしない。フッキの安定したキープが相手2人を引きつけたことでパウリーニョがフリーになったわけだ。次の場面でも同様にパウリーニョのキープ力が効いている。

フッキのバックパスを受けたパウリーニョに対し

パウリーニョのボールキープ。
①右足裏でボールを踏みながらキープ
②自陣側へターンすると見せかけ
③右足インサイドで切り替えし
④半身の体勢で左手で相手を抑えながら
⑤右足でフッキへパス

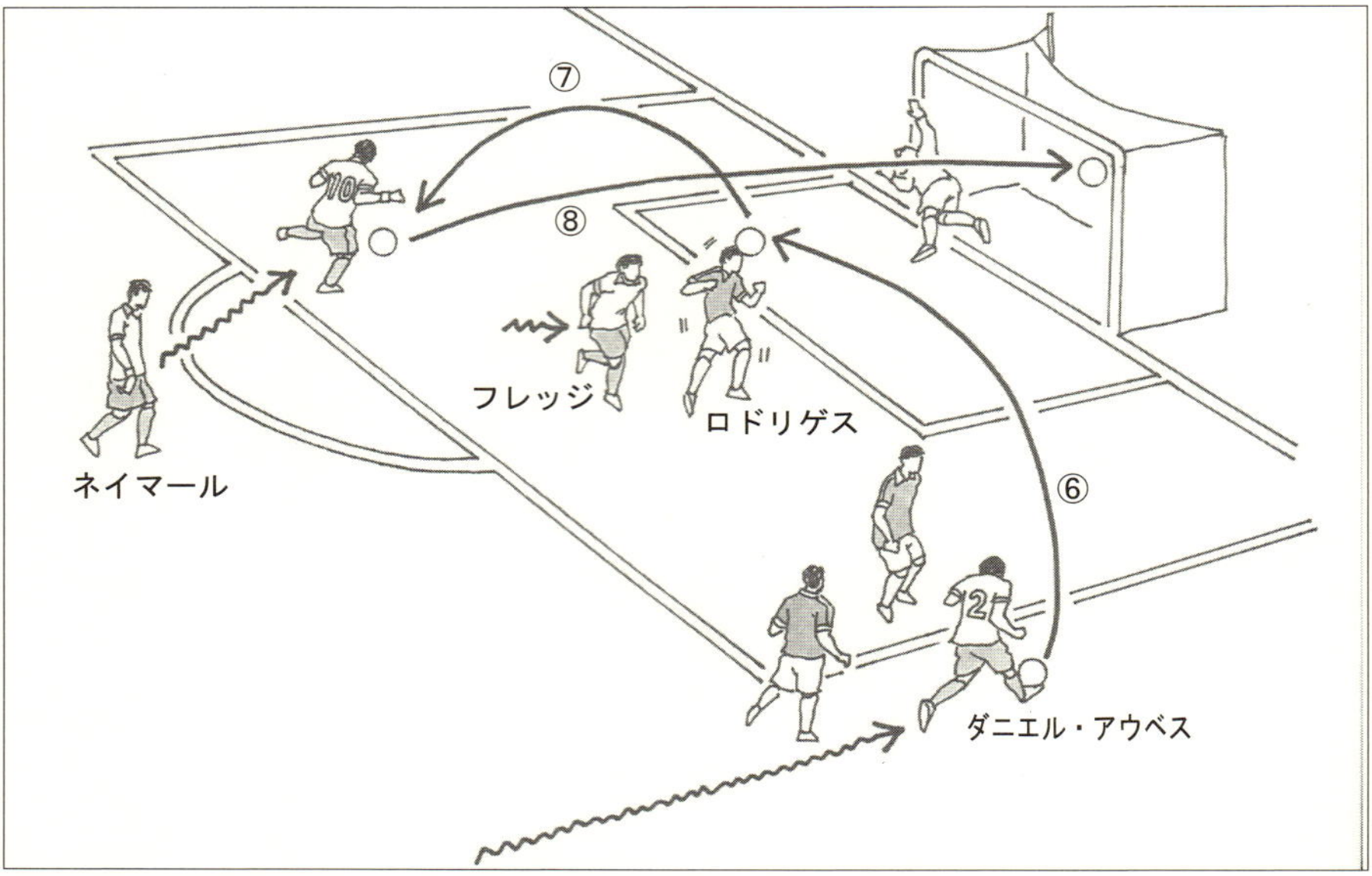

⑥フッキからのパスをダニエル・アウベスはドリブルで前進し中央のフレッジへクロスを蹴る。
⑦クロスボールはロドリゲスがヘディングするが、クリアしきれず後方へボールが流れる。
⑧ボールはネイマールのところへ落ち、ネイマールはそのままシュート。

て、サルシドが素早く寄せていった。グアルダードはダニエル・アウベスをマークし、トーレスは引き続きフッキについている。タッチライン際の狭い地域での3対3だ。パウリーニョは右足の裏でボールを踏み、左足を当たりに来たサルシドとの間に差し込んで半身の形でキープ、さらに右足裏でボールを引いて自陣側へターンするとみせて、すぐに右足インサイドで切り返して半身の体勢を崩さない。かなり苦しい体勢だが、このキープの間にパウリーニョはずっと体を入れていてサルシドからボールを守っている。

パウリーニョは足裏で再度ボールを押さえてフッキの位置を確認すると、懐のボールを掻き出すようにフッキへ短いパスを渡した。フッキは背後のトーレスに体を預けながら中央に移動していたダニエル・アウベスへワンタッチでパス。このときダニエル・アウベスがフリーになっていたのは、グアルダードがパウリーニョのほうへ引きつけられていたからだ。最初にフッキのキープでパウリーニョがフリーになったのとまったく同じように、今度はパウリーニョのキープでダニエル・アウベスがフリーになったわけだ。

ダニエル・アウベスは前進して右足でクロスを蹴る。

クロスは中央のフレッジを狙ったもので、フレッジは2人のメキシコDFに挟まれる形でポジションをとっていた。手前にいたロドリゲスを越えて、フレッジに届くクロスを狙ったのだが、ぎりぎりでロドリゲスが頭に当てる。しかし、ロドリゲスのヘディングにクロスを跳ね返す力はなく、当てただけで後方へ流れた。フリーになっていたネイマールのところへボールが落ちたのは、メキシコにとっては不運だった。

ネイマールのシュートはもちろん素晴らしいのだが、その前のタッチライン際での粘り強いキープがこの得点を生んだといえる。フッキ、パウリーニョはどちらも足裏を使いながら体を入れて安定感のあるキープを見せた。タッチライン際に追い込まれた窮屈な状況にもかかわらず、キープ力によって2人を引きつけて味方を余らせたのはブラジルらしい駆け引きだった。

昔からブラジルはこうした狭い局面でのキープや駆け引きに秀でている。まるで路地裏でプレーしているようだ。かつては路地裏で磨いたテクニックがそのまま発揮されていたようだが、今日の選手はそうした環境で育ってきたわけではない。それでも追い込まれてもパニックにならず、むしろその状況を楽しむように圧倒的なキープ力を発揮して打開してしまうのは伝統の力を感じさせた。

technique 24

ネイマールの胸トラップ

［ブラジルVSメキシコ　23分］

右サイドのフレッジから中央へ走り込んだネイマールへライナー性のロングクロス、これをネイマールが胸トラップでマークに来たミエルの逆をついて左方向へ持ち出し、振り切って左足でシュートする。

フレッジから浮き球のパスを受けたネイマールの左からはミエルが寄せてきていた。ネイマールの右側にはロドリゲスがいる。この2人の間でパスを受けているので2人の間をすり抜ける選択肢もあるが、それでは突破する前に2人に挟まれてしまっただろう。そもそもフレッジのパスは食い込み気味だった。ネイマールはジャンプしながら胸トラップしていて、2人の間を抜ける推進力を生み出せる体勢ではなかった。

ネイマールはジャンプしながら体を後方へ反らし、左側の胸にボールを当てて自分の左側にボールを逃がすようにコントロールした。このコントロールが見事だ。

ボールはネイマールの右側から来ているので、左方向へコントロールするなら右胸のほうが一般的な選択になる。しかし、この状況で右胸に当てて左側に落とすとボールが離れすぎてしまう。左胸はその場にボールを落とすのに向いているのだが、ネイマールは体を反らして左側へボールを逃がしている。ボールの勢い

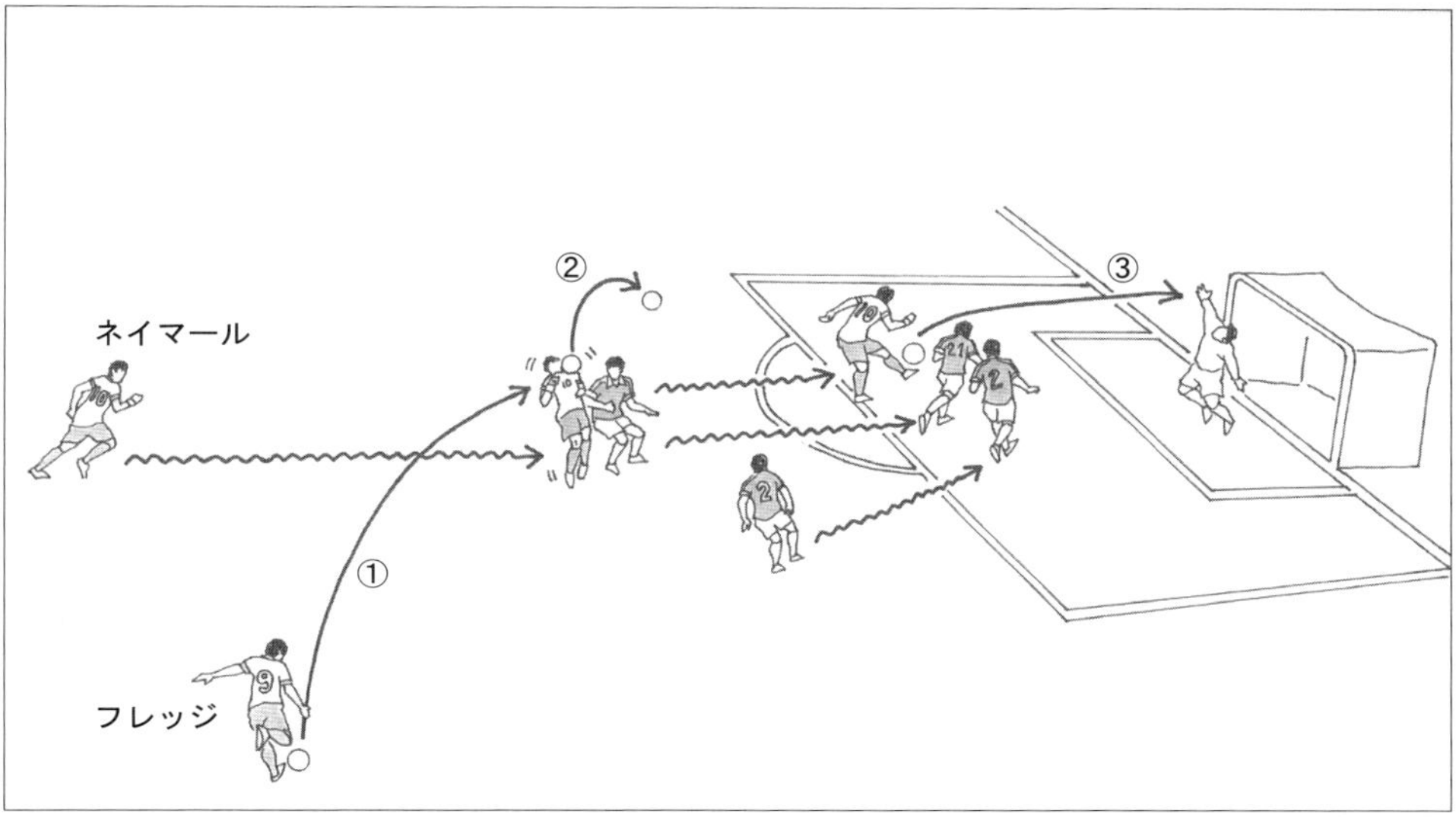

①フレッジから中央のネイマールへクロス。
②ネイマールは左胸でトラップし、左方向へボールを持ち出す。
③２人の DF を振り切ってシュート。

を殺すには左胸のコントロールが適しているが、左側へ持っていくには左胸は向いていない。そこでクッション性の高い左胸を使いながら、上体を反らすことで自分の左側（というよりもほぼ背後）へボールを持っていったわけだ。

ネイマールは体を反らして左胸で、ボールを左方向へコントロール

もう1つポイントになるのが、ボールを左へ持っていったことで左から寄せてきているミエルの動きの逆をとっていること。ネイマールは胸でコントロールした後、ボールが地面に落下する前に右足でボールをつついて左前方へ動かした。ネイマールの胸トラップで逆をとられていたミエルはターンしながら右足でボールに触ろうとしたが、その前にネイマールにつつかれている。胸トラップで逆をついた時点で勝負ありだったが、落ち際を右足でついたのはダメ押しになった。無理な体勢で足を出して触れなかったミエルは完全に置いていかれてしまう。ネイマールは左へ斜行しながら左足でシュート、枠はとらえられなかったが決定的なチャンスを個人技で作り出した。

technique 25

ネイマールの2人の間を抜くドリブル

［ブラジルVSメキシコ　93分］

ロスタイムに入っていた93分、左サイドでボールを持ったネイマールは対応した2人のメキシコDFのわずかな隙間をすり抜けてペナルティーエリア内へ侵入、ラストパスをジョーへ通した。ジョーのシュートでブラジルは2—0として勝負を決めた。

これぞネイマールというドリブルである。対峙していたミエルにロドリゲスも加勢して、1対2の状況だった。ネイマールは一度、右足の裏でボールを縦方向へ転がし、すぐに右足で内から外へシザーズを仕掛けるが、これは様子見で本格的にはまだ仕掛けない。次に、同じように右足裏でボールをなめてから、今度は左足を使ってミエルとロドリゲスの間のわずかな隙間にボールを通し、自らもそこをすり抜けていった。

ネイマールの多彩な足技は有名で、インターネット上にもいろいろなフェイントがアップされている。技のデパートだ。このシーンでは1人で2人を相手にしていて、普通なら勝負を諦めるところだが、かえって

ネイマールのドリブル。
①右足裏でボールを転がしながら
②内側から外側へシザースを仕掛けて相手の様子を見る。
③もう一度、足裏でボールを転がしながらまたいで、
④左側へボールを持ち出し、
⑤左足を使ってボールを持ち出して突破。

①ネイマールはドリブルで２人のメキシコ DF を抜き去る。
②ゴール前のジョーへパス。
③ジョーがシュートを決める。

ネイマールは体を左に傾けながらパスコースを作りジョーへラストパス

こういう状況のほうが抜きやすいという感覚があるのだと思う。一番抜けそうもないコースをついているのはネイマールらしい。〝そこ〟はないだろうという油断がスキにつながるのを感覚的に知っている、というよりも何度もこういう状況でのドリブルを成功させているのだ。

２人を抜き去った後、体を左へ傾けながらパスコースを作り出しているのもネイマールらしい。ジョーへのパスも完璧だった。

technique 26

岡崎のヘディングシュート

［日本VSイタリア　69分］

右サイドのFKを遠藤がゴール前へ、ニアに走り込んだ岡崎が競り勝ってヘディングシュートを決めて3—3の同点に追いつく。

ＦＫの位置は右タッチラインとペナルティエリアの縦のラインのちょうど中間ぐらい、ゴールラインからは10メートルというところ。イタリアの壁は1枚だけ、遠藤は右足でカーブするスピードのあるボールを入れた。

ボールの落下点はニアポストの延長線上で、ゴールエリアのすぐ外だった。ＧＫが飛び出すには難しい位置である。イタリアの守備陣でここを守っていたのはモントリーボで、そこへ飛び込んでいったのが岡崎だった。岡崎の背後には今野、さらに本田が入ってきている。遠藤のキックの狙いはまず岡崎、そこに合わなくても今野と本田が同じラインで狙いにいっている。この３人がＦＫでの主力と考えられる。ファーサイドには吉田と前田だった。身長からすればこの２人が空中戦の切り札でも不思議はないのだが、速いボールに合わせるなら岡崎、今野なのだろう。

ボールから一番近い位置にいた岡崎が合わせたわけだが、競り合ったモントリーボの身長は１８１センチだ。一方の岡崎は１７４センチ、その差14センチある。日本選手は欧米人に比べると身長が低い。それがセットプレーでの不利につながっているといわれるのだが、こと攻撃に関しては身長差はほとんどハンデに

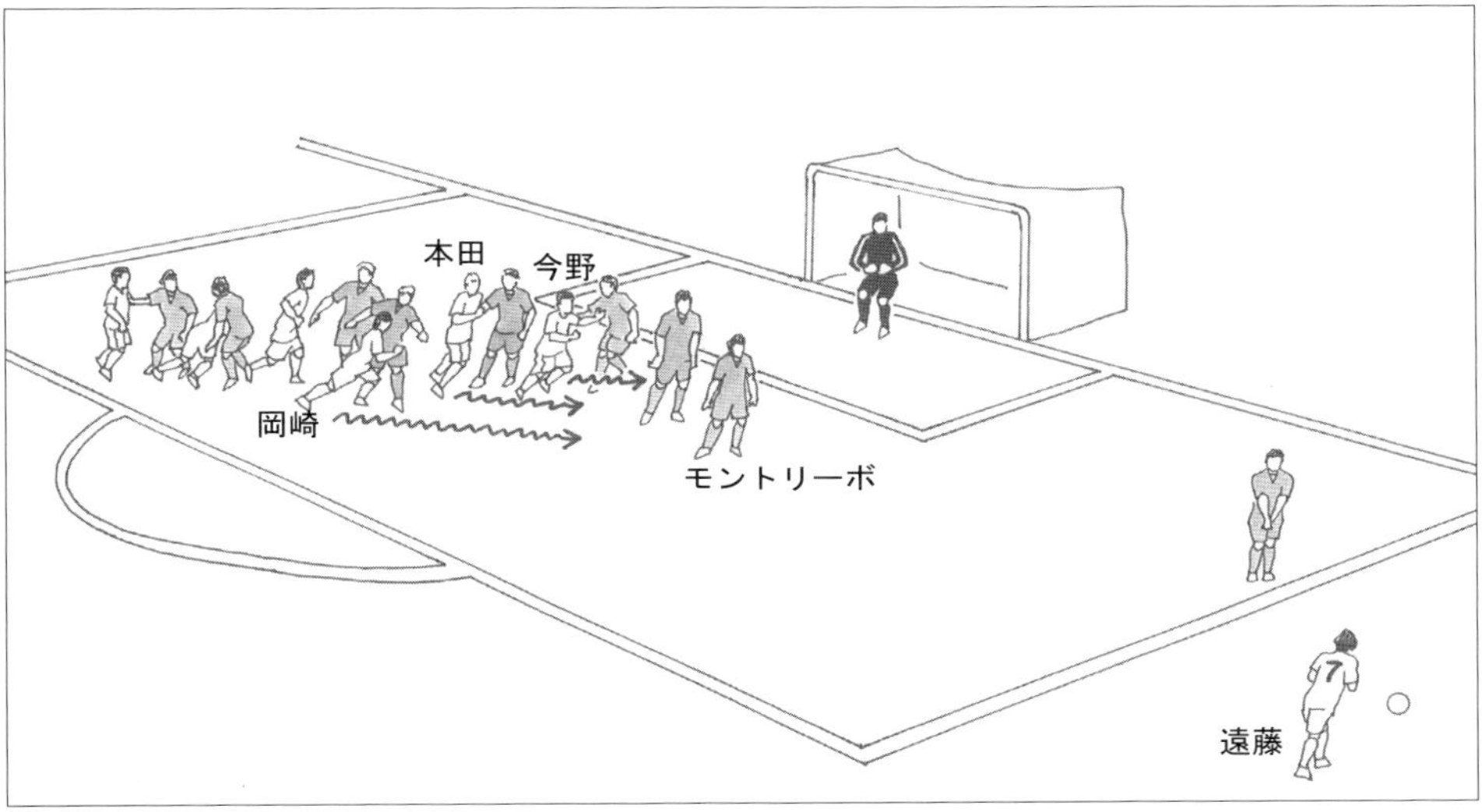

右サイドから日本のフリーキック。ニアサイドへ岡崎、今野、本田が入ってくる

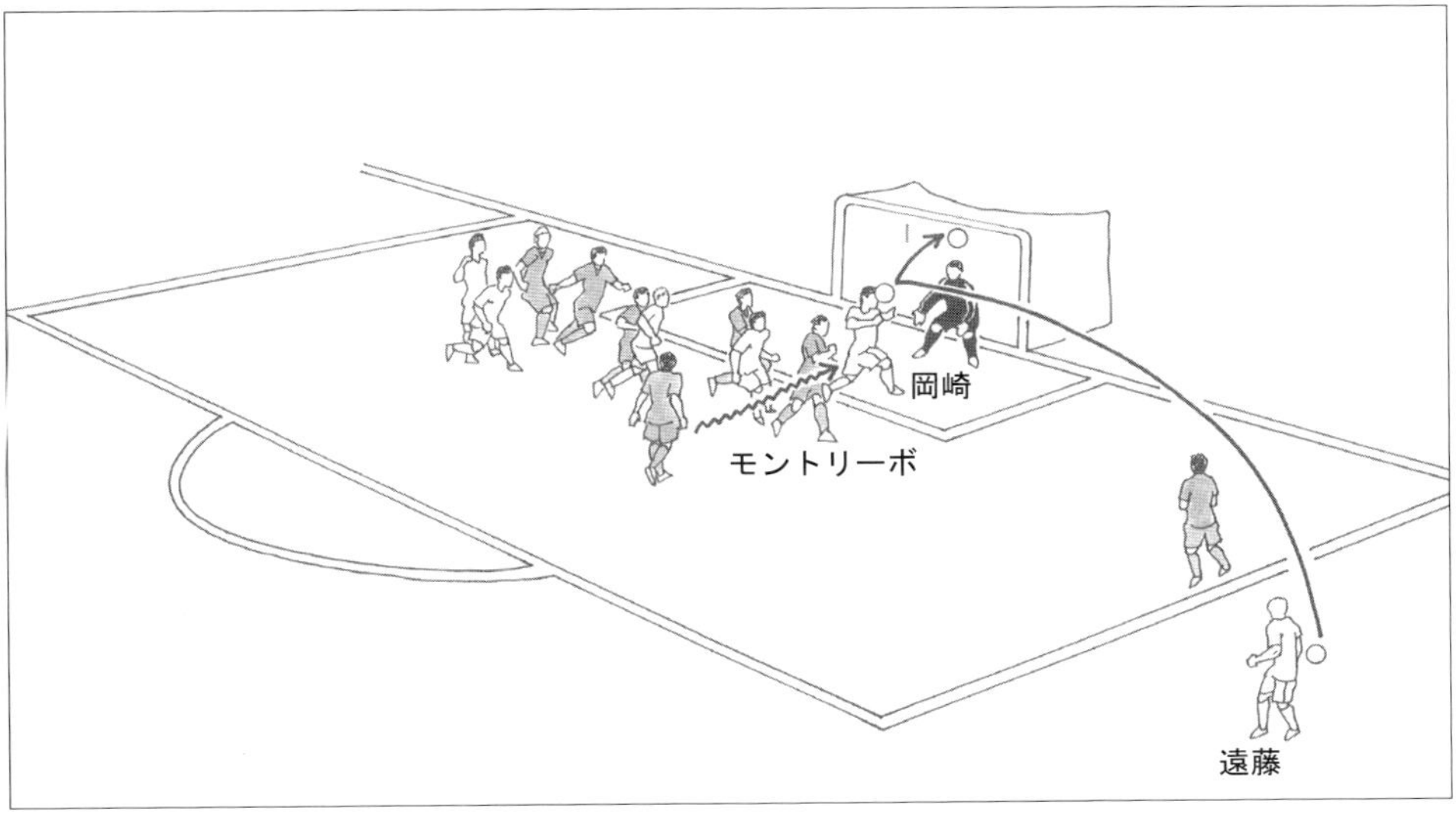

モントリーボの前に飛び込んだ岡崎がヘディングでゴールを決める。

なっていない。このシーンが良い例だろう。

この場面ではモントリーボが下がりながら競り合っているのに対して、岡崎は走り込みながらジャンプしている。ジャンプのタイミングもモントリーボより若干早く、モントリーボの前に体が入った状態でヘディングしている。同じセットプレーでも、攻撃と守備ではヘディングの仕方が違うのだ。

攻撃時のヘディングではボールをミートするポイントに助走をつけてアプローチできるので高いジャンプができる。一方、守備のほうはいったんラインを設定して、そこから下がりながら競り合うケースが多く、そうなると最大限のジャンプは期待できない。攻撃側は身長差があってもジャンプ力で埋めることができるわけだ。また、キッカーはフリーで蹴っているのでピンポイントで合わせることも可能で、どこに蹴るか味方はわかっているが相手にはわからない。キックの精度が良くボールにスピードがあれば、それだけ攻撃側に有利になる。セットプレーは空中戦の強さ以上に、キッカーの質がモノをいう。

セットプレーの守備では、反対に攻撃時の有利な条件がそっくり相手に行くので、身長の低い日本はかなり不利になってしまう。セットプレーに関して、日本は攻撃時には身長差のハンデを十分埋められるのだが、守備時は身長差がそのまま、あるいはそれ以上に影響してしまうのだ。

technique 27

カウンターアタックからのフォルランのシュート

［ウルグアイVSナイジェリア　50分］

自陣内でナイジェリアの攻撃を防いだウルグアイは一気にカウンターアタックを仕掛ける。スアレスがドリブルでハーフウェイラインを越え、中央のカバーニへパス。さらにカバーニから左のフォルランへ。ペナルティエリア内でボールに追いついたフォルランが左足のダイレクトシュートでニアサイドを抜いてゴール。2―1と突き放した。

ウルグアイにとっては会心のカウンター、会心のゴールだった。

カウンターの発端はナイジェリアのパスが少しズレたところを背後からボールをつつき、こぼれ球をスアレスが拾ったところから始まっている。このとき、ウルグアイの選手は全員がハーフウェイラインより自陣ゴール側へ戻っていた。ウルグアイはスアレス、カバーニ、フォルランの3トップを起用しているが、守備のときにはこの3人も戻ってくる。少なくともサイドの2人は守備ブロックに加わるので、守備時のフォー

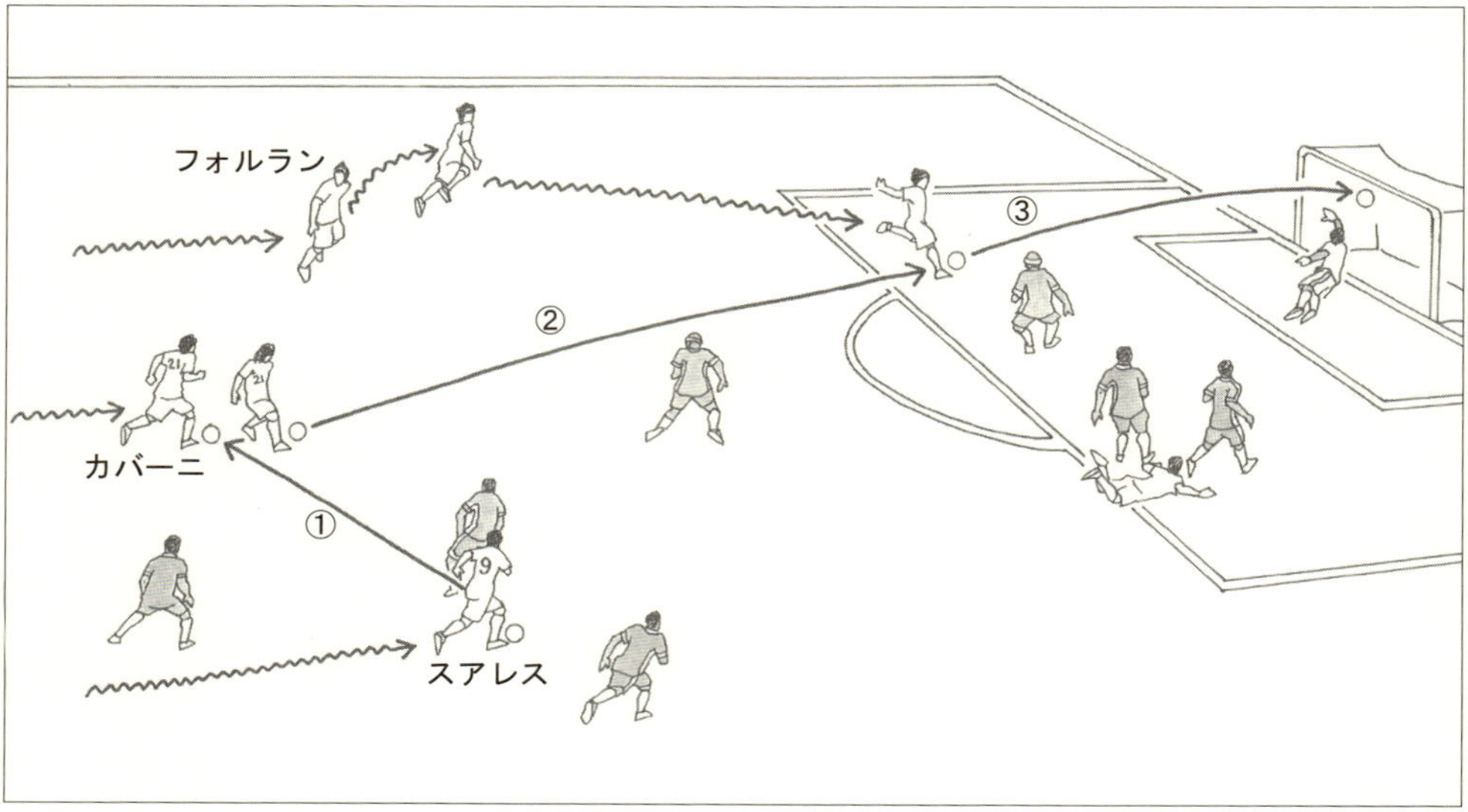

①こぼれ球を拾ったスアレスはドリブルで前進。左に並走するカバーニへパス。
②カバーニは左にフリーでいるフォルランにワンタッチでパス。
③フォルランはカバーニからのパスをダイレクトシュート。

メーションは1トップといっていい。このシーンではゼロトップだった。

こぼれ球を拾ったスアレスはドリブルで前進、ナイジェリアの選手が素早く背後から追走してきたがスアレスは体を入れてボールを守り、タックルをかわしてから左に並走するカバーニへパス。この時点で局面的には3対3になっているが、ナイジェリアの3人はスライドが遅れ、カバーニにパスが出た時点で中央から左側は2対1だった。カバーニは左にフリーでいるフォルランの前方へワンタッチでボールを転がしている。

数的有利を生かしてすかさずフォルランへパスを出したカバーニの判断も的確だが、フォルランの受け方とフィニッシュがパーフェクトだ。

まず、スアレスからカバーニにボールが渡った時点で、フォルランは左サイドへ膨らむように動いている。これはオフサイドになるのを回避するとともに、カバーニにパスのタイミングとスペースを与えるうえで良い動き方である。フォルランは自分の懐を広くすることで自らシュートのスペースを作っていた。

カバーニのパスはスピードを抑えたコロコロと転

フォルランの位置からのシュートは難しく、シュートではなくクロスを選択するのがセオリーだが、フォルランはニアサイドの天井を狙ってシュートを打った。

がるようなボールで、これはダイレクトで蹴れというメッセージが乗っている。フォルランは注文どおりダイレクトシュートを決めるのだが、転がるボールに対してトップスピードでアプローチをしていない。膨らむ動きで懐を広くしてそこへパスを呼び込んだ後、いったんトップスピードになりかけてから速度を緩め、ゴールへの角度を調整してからキックの動作に入っている。ダイレクトシュートならば余裕のある状況だったので、まるでPKかFKを蹴るような助走だった。

フォルランのシュートした位置は、ペナルティエリアの角とニアポストを結ぶ線上、ゴールまでの直線距離は10メートル強といったところだろうか。そこからニアサイドの天井を狙っているが、フリーで蹴っているとはいえ簡単なシュートではない。簡単そうにやっているが、実はかなり難しいシュートだと思う。

ちなみにシュート位置がこれよりも外側の場合、つまりペナルティエリアの角とニアポストを結ぶ線よりも外側ならば、シュートではなくクロスを選択するのがセオリーである。なぜなら、そこからの角度のシュートはほとんど入らないからだ。確率的には3パーセントほどしか得点にならないそうだ。フォルランの

フォルランのシュートを別角度から。
ファーサイドを狙うシュートは巻き込んで外してしまう可能性が高いので、フォルランは右から転がってくるボールを呼び込み、ニアサイドを狙ってシュートを打った。

シュート位置は角度としてはぎりぎり、それだけ難しかったわけだ。

ニアサイドを狙ったのは正解だったと思う。ファーサイドを低いシュートで狙う手もあるが、ダイレクトで打つと巻き込んでしまう危険がある。いわゆるダフるというミスになりやすい。フォルランはボールよりも外側に踏み込み、転がってくるボールを迎え入れるような形から左足のインサイド寄りに当てている。先に踏み込んでおいて、ボールを呼び込む形である。

キックの基本はボールの真横に踏み込むことだが、このケースではフォルランの右からボールが来ているので、ボールを流してから踏み込んだのでは左足を振る時点でボールが流れてしまう。先にボールより少し手前に踏み込んでおいて、右足の前にボールを通過させて左足で面を作って確実に合わせた。

フォルランは右利きだが、左足のキックも非常に上手い。このダイレクトシュートがまさにそうなのだが、瞬間的に足の面とゴールへの角度を合わせる能力が高く、ほとんど蹴り損ねがない。アドレスの才が図抜けているストライカーである。

フォルランはテニスもやっていたそうで、そちらで

フォルランのシュート（後方から）
踏み込んだ軸足の前を通過させてからボールをとらえる。瞬間的に足の面とゴールへの角度をあわせる能力が高い、フォルランならではの高度な技術。

フォルランのシュート
キックの基本はボールの真横に踏み込むことだが、フォルランは右足をボールより少し手前に踏みこみ、ボールを右足の前を通過させてから左足でシュートを打った。

もプロでやれる才能があったそうだ。インパクト面を目標に合わせる能力は、もしかしたらテニスで培われたのかもしれない。

technique 28

ダビド・ルイスのゴールカバー

［ブラジルVSスペイン　41分］

フェルナンド・トーレスからのパスを受けて突破したマタから、逆サイドのペドロへパスが通る。ペドロはGKジュリオ・セーザルの動きをよく見て左足でファーサイドへシュート。スペインが1—1の同点に追いついたかと思われたが、全速力で戻ってきたダビド・ルイスがスライディングでクリアした。

ジュリオ・セーザルと1対1になったペドロは左足に持ち替えてジュリオ・セーザルの脇を抜く低いシュートを放つ。完全にゴールインかと思われたが、シュートコースを読んだダビド・ルイスがスライディングしながら右足のアウトサイドに当ててゴール裏へ弾き出すファインプレーでピンチを救った。

ダビド・ルイスはマタのほうに動いた後、ゴール前に戻っていた。このときペドロとGKジュリオ・セーザルは1対1になっていたのだが、見方によってはGK＋ダビド・ルイスの2人対ペドロということもできる。ダビド・ルイスは全速力でゴール前まで戻ってきたが、最後のところではペドロがどこへシュートを打つか観察している。ジュリオ・セーザルは定石どおりニアサイドを消して対峙したので、ペドロは左足に持ち替えてファーサイドを抜いた。1対1の勝負ならこれでパーフェクトである。ところが、ペドロの体勢を見たダビド・ルイスはシュートコースを読んでそこへ走った。

①〜②フェルナンド・トーレスからパスを受けてマタが突破。
③マタから逆サイドのペドロへパスが通る

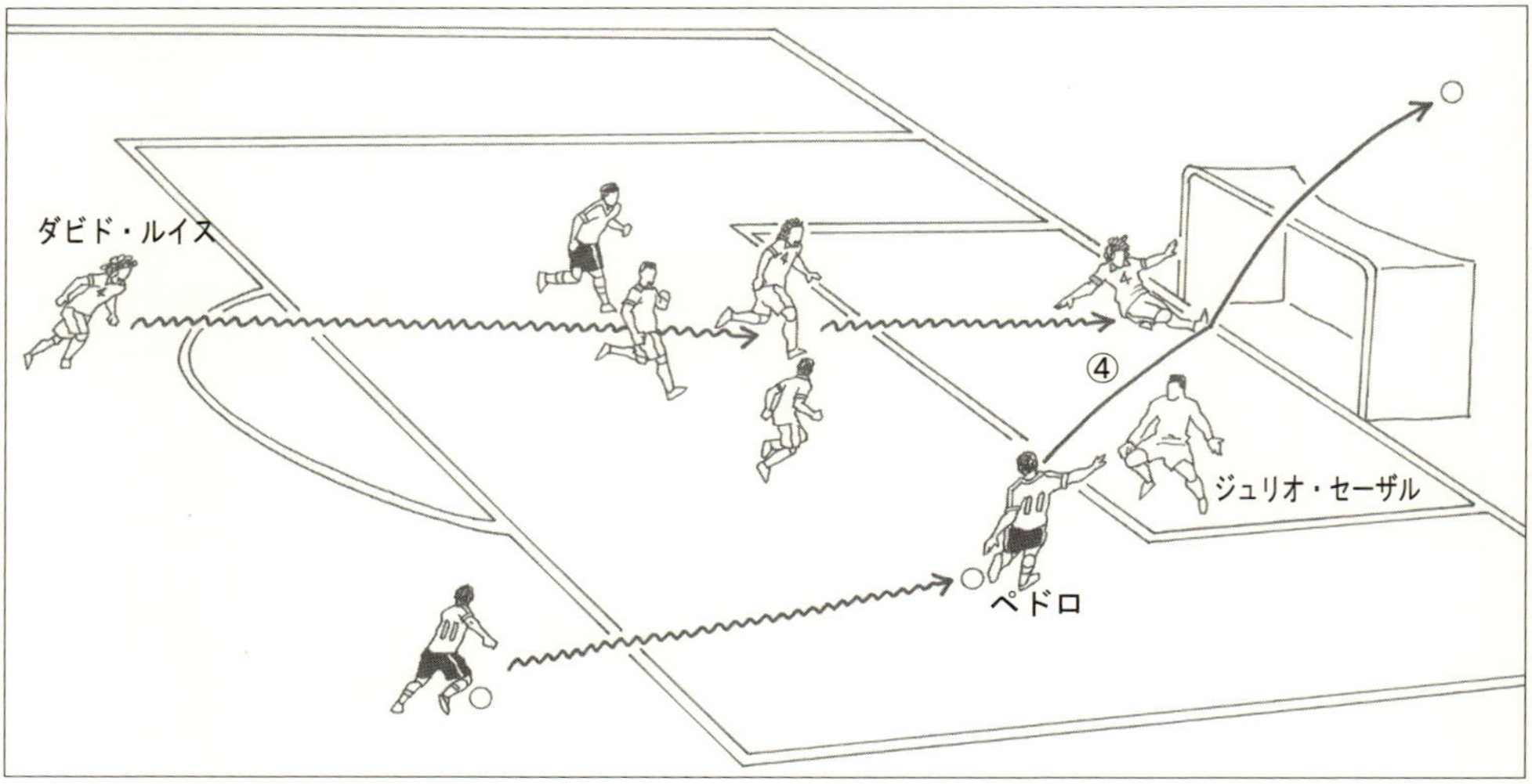

④マタからのパスを受けたペドロは、GK のジュリオ・セーザルの動きを見てファーサイドへシュートするが、全速力で戻ってきたダビド・ルイスがスライディングでクリア。

ダビド・ルイスがペドロのシュートコースを読んでいたことが、この大ピンチを救ううえで決め手となっている。目の前のGKと駆け引きしていたペドロには、ダビド・ルイスの読みまで計算に入れる余裕はなかった。

こういう場合のDFのセオリーはゴールの中心へ戻ることだが、もしダビド・ルイスがそうしていたらペドロのシュートは阻止できなかったのではないか。ペドロとジュリオ・セーザルの関係を見ながら、ファーサイドへ戻った読みが光った。

technique 29

ネイマールのニアサイドを抜くシュート

［ブラジルVSスペイン　44分］

オスカールからパスを受けたネイマールは、いったんオスカールへ戻す。いったんはオフサイドポジションに出たが戻ったところでオスカールからのパスを受け、左足で前にコントロールすると左足でニアサイドの上を抜く豪快なシュートを決めた。

ネイマールが2―0とスペインを突き放すシュートをゲットした。オスカールからのパスを受けたが、アルベロアとピケに並ばれて突破をいったん諦め、中央のオスカールへボールを戻す。このあとネイマールはオフサイドポジションに出てしまうのだが、オスカールがキープする間にぎりぎりの位置へ戻ってラストパスを受けた。

ディフェンスラインの前でオスカールにキープされたのはスペイン守備陣にとって苦しい状況ではあったが、しっかり中央を締めて守れていたのは悪くない。ただ、ネイマールからオスカールにパスが出た時点で全員がオスカールのほうを向いてしまい、ネイマールが視野の外になってしまった。そのためにほんの少し対応が遅れた。

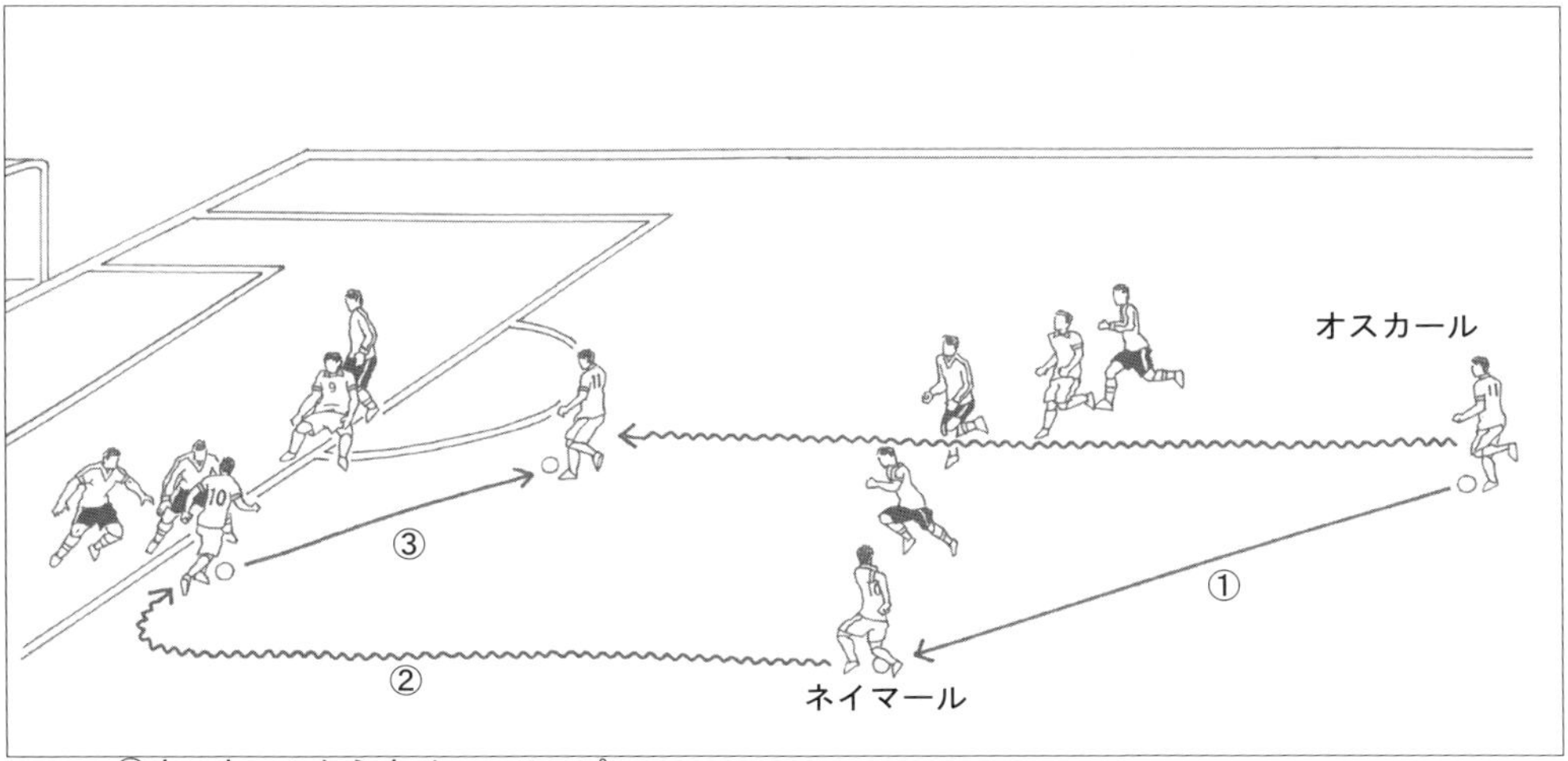

①オスカールからネイマールへパス。
②～③ネイマールはドリブルで上がり、ペナルティエリア手前で中央のオスカールへボールを戻す。

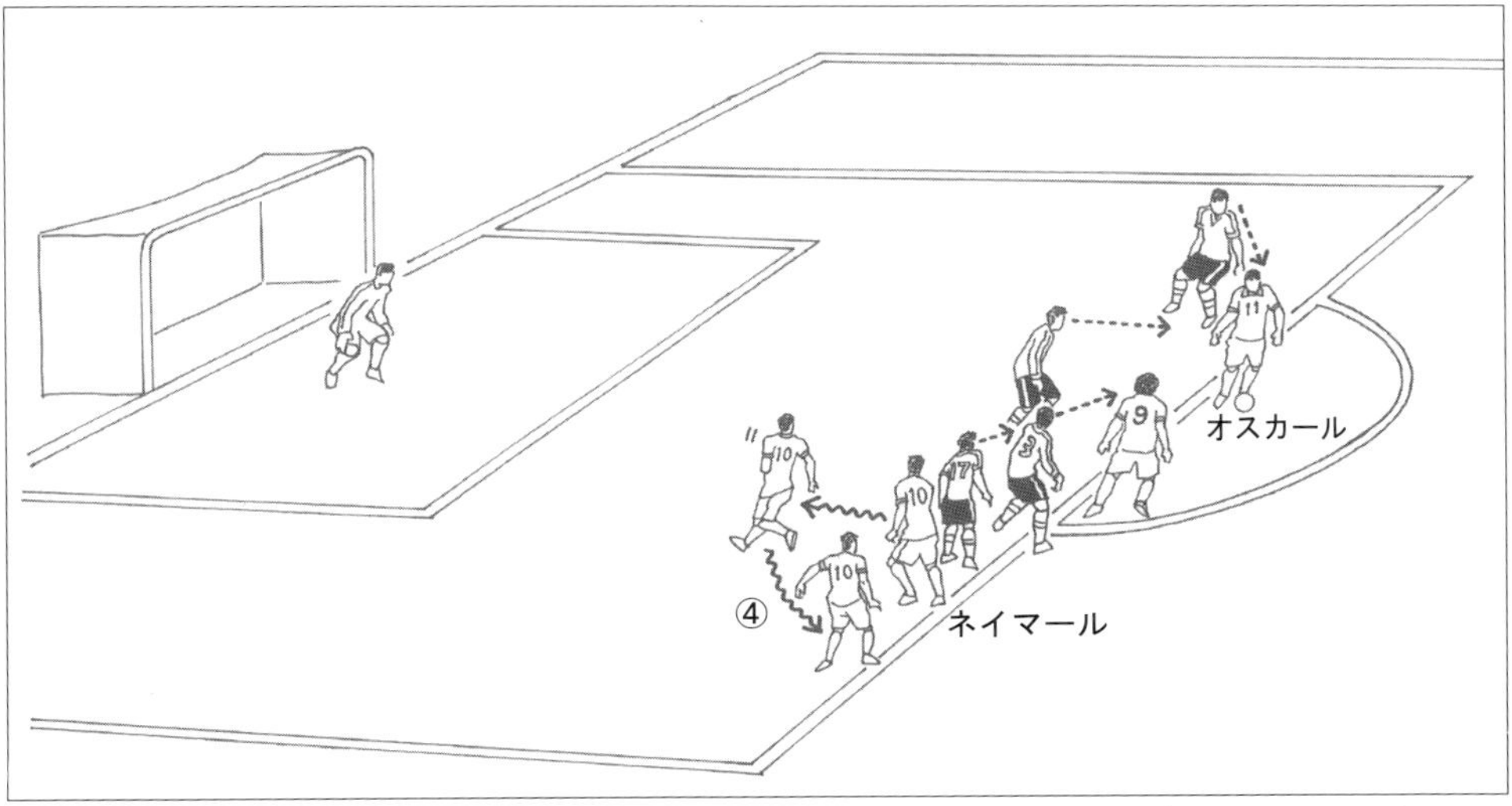

④オスカールがボールをキープしている間、ネイマールはいったんオフサイドポジションに出たが、戻ってオスカールからのパス待つ。

⑤オスカールからネイマールの足下へパス。
⑥～⑦ネイマールは左足でボールを前方へコントロールして持ち出すと、左足でニアサイドの上を抜くシュートを決めた。

それにしてもネイマールのシュートは鮮やか。オスカールからのパスを左足のインサイドで確実に前に押し出してペナルティエリア内へ、スタートダッシュの速さと軽さはネイマールの真骨頂でアルベロアは完全に振り切られてしまう。左足でのシュートはファーサイドへ低く蹴るか、ニアサイドの上へズドンといくかの選択があるが、ネイマールは迷わずニアサイドを強いシュートで打ち抜いている。ゴールエリアの外あたりからの距離なので、強く蹴ればＧＫはまず反応が間に合わない。

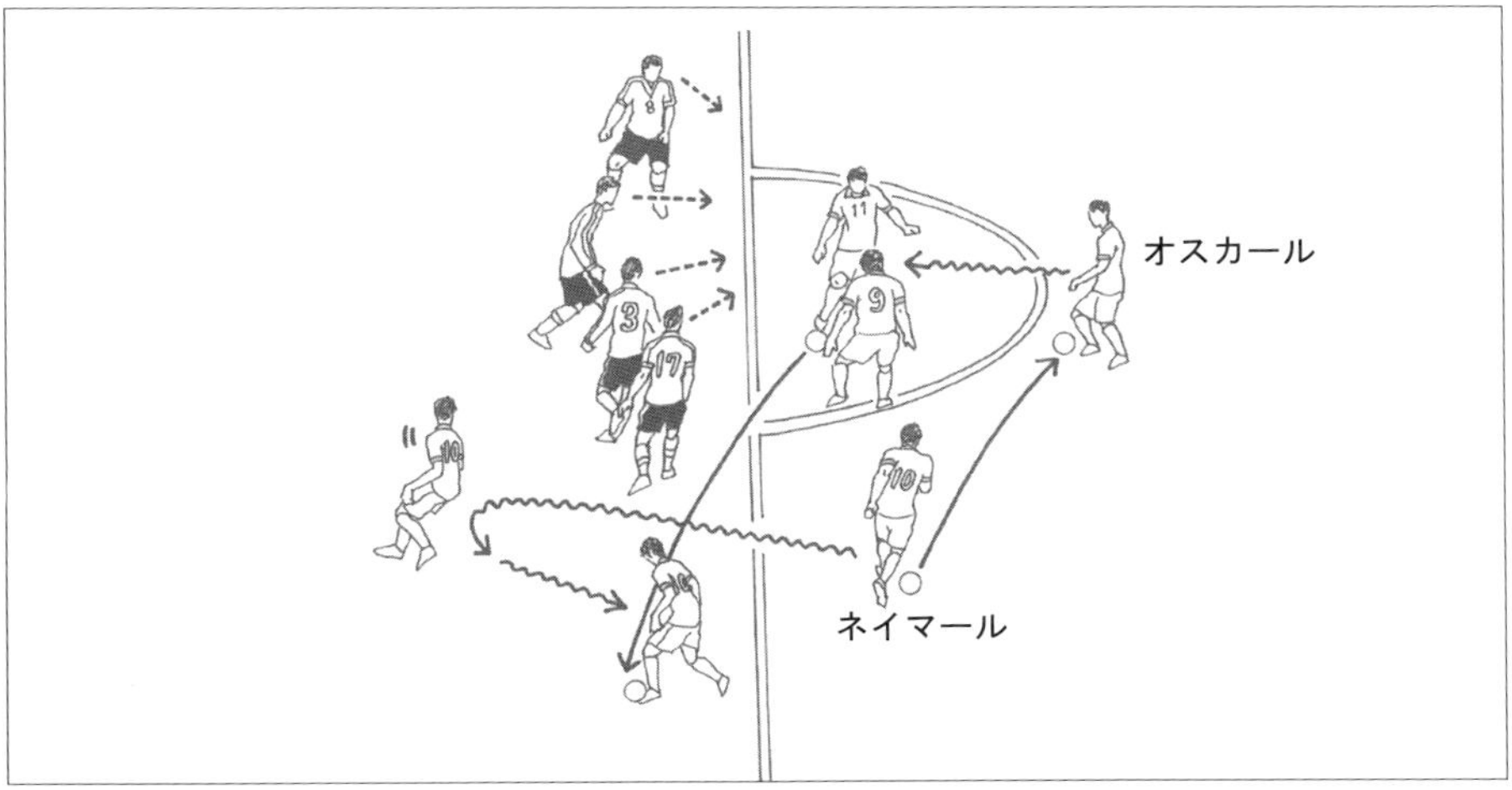

別角度から
ネイマールからオスカールにパスが戻った時点で、スペインＤＦ全員がオスカールの方を向いてしまい、ネイマールが視野の外になってしまった。

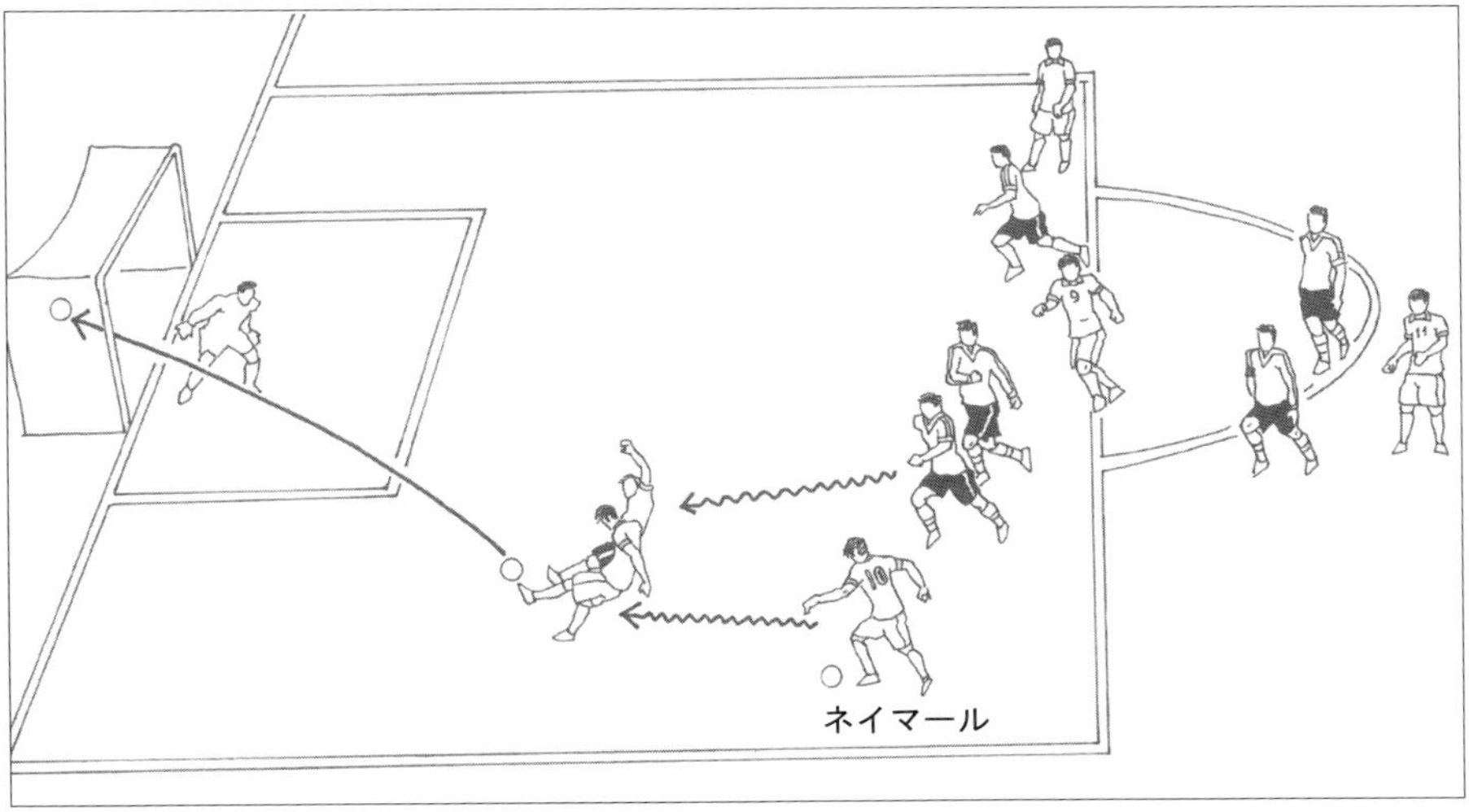

オスカールからネイマールへパスが出た。スペイン DF の対応が少し遅れてしまい、ネイマールに振り切られシュートを決められてしまった。

technique 30

シュートチャンスを作るブラジルのプレス

［ブラジルVSスペイン　47分］

後半の立ち上がり、ブラジルは試合を決定づける3点目をゲットした。
マルセロのパスをオスカルが受けようとしたが、もつれてボールはフッキへ抜ける。
フッキは走り込んだネイマールへパス、ネイマールがこれをスルー。
フレッジがフリーとなって冷静にファーサイドへ流し込んだ。

得点の発端はオスカールがセルヒオ・ラモスのパスを当てたことだった。

自陣右サイドでピケがパスカット、すぐ隣にいたセルヒオ・ラモスに渡す。この時点でピケはプレッシャーをかけられていて余裕がなかったのだろう。相手のミスパスをカットした直後でもあり、周囲の状況を把握できていなかった。すでに3人のブラジル選手が向かってきているので、キープして状況を確認するのは危険だった。セルヒオ・ラモスにボールと判断を委ねたのは仕方なかったと思う。

セルヒオ・ラモスには余裕があったが、前方中央にいたイニエスタへのパスはオスカールの出した右足に

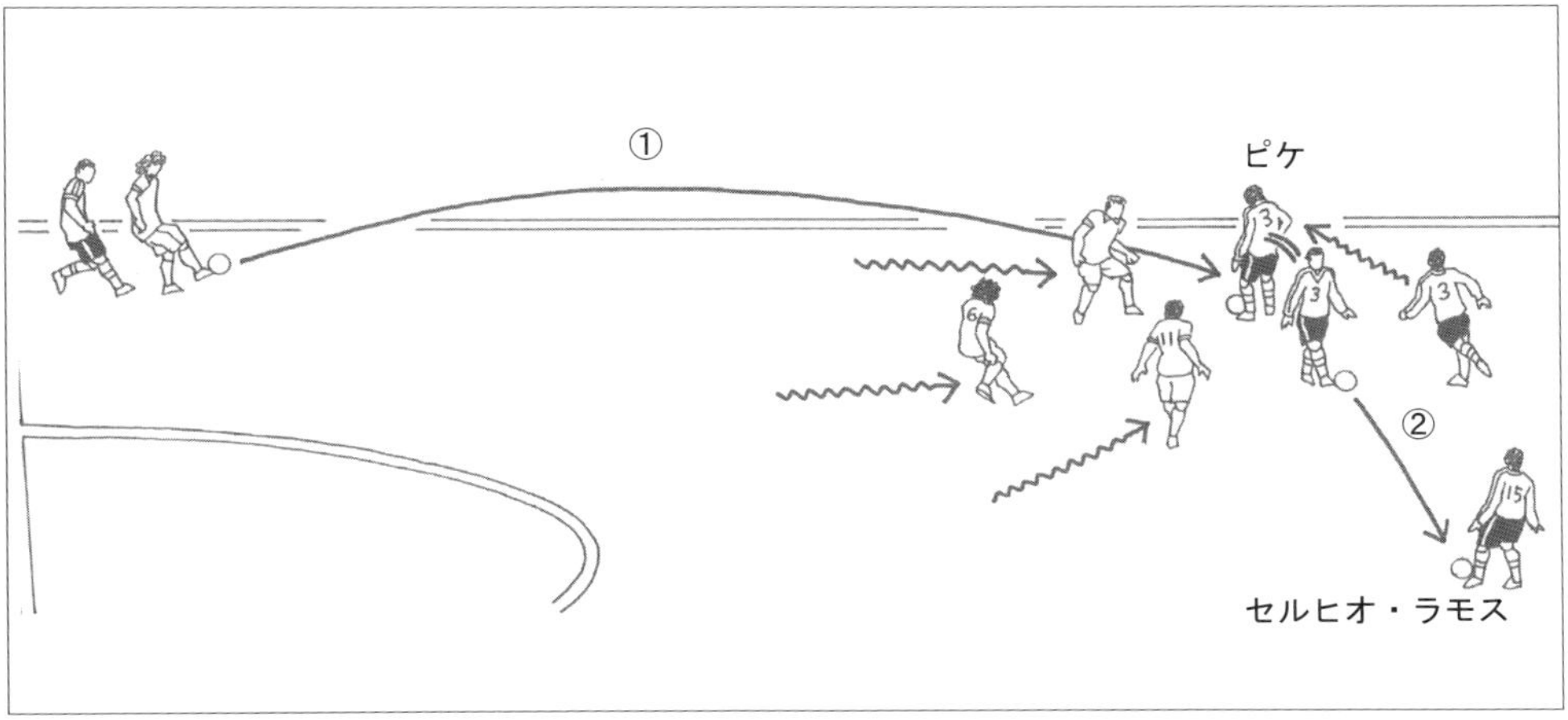

①ピケがブラジルのパスをカット。ブラジルの選手 3 人がピケにプレッシャーをかける。
②ピケはセルヒオ・ラモスへパス

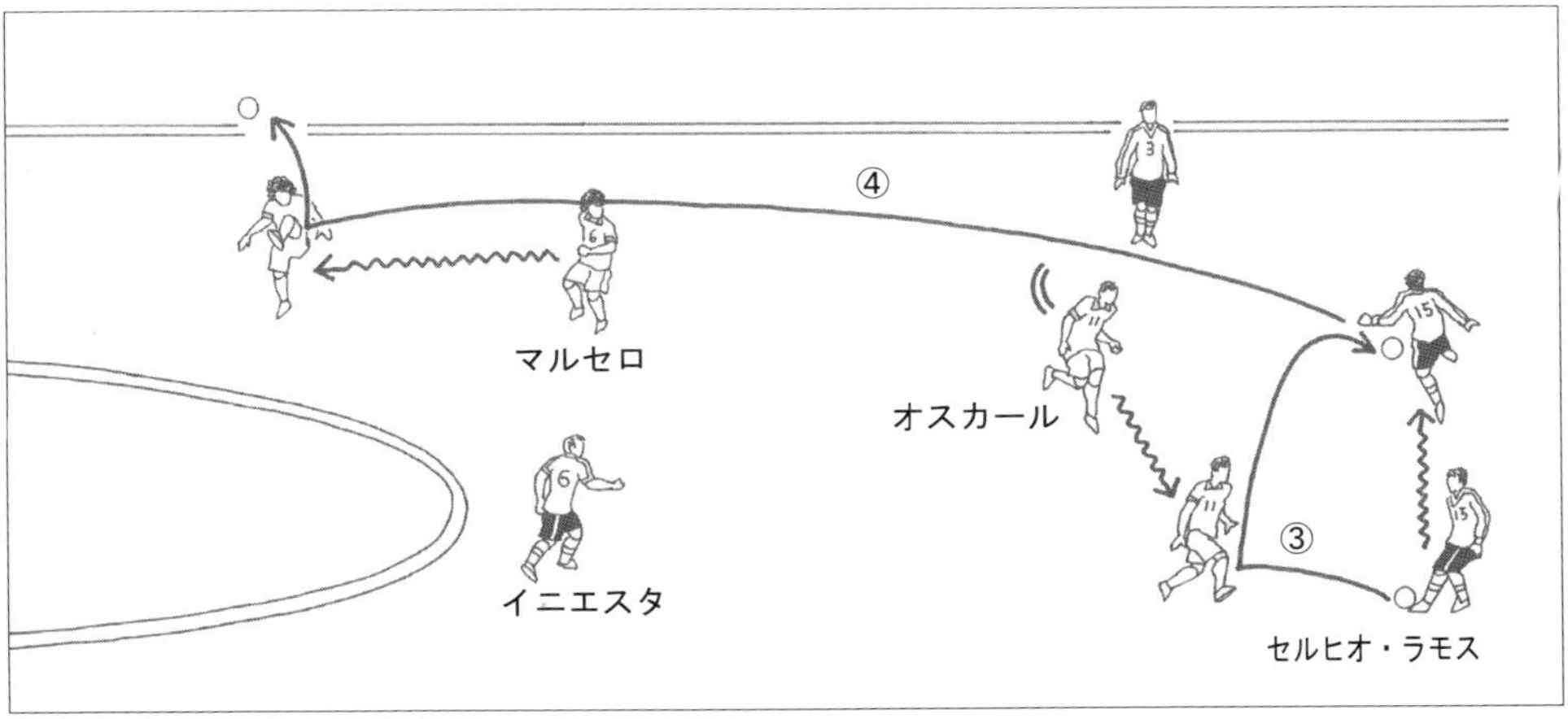

③セルヒオ・ラモスは前方のイニエスタへのパスを狙うが、オスカールがこれをカット。
④ボールを拾ったセルヒオ・ラモスは前方へフィードするが、これをマルセロがインタセプト。

⑤インタセプトしたマルセロはオスカールの足下へパスを出す。
⑥オスカールは背後から寄せてきたセルヒオ・ラモスと接触してともに倒れるが、ボールは近くにいたフッキへ渡る。

当たってしまう。セルヒオ・ラモスは上へ跳ね上がったゴールを追って少し下がりながらボレーで前方へフィードする。このときは前方を見る余裕はなく、ただ蹴っただけだ。

このボールをマルセロがインタセプトして、そのまま前方のオスカールの足下へパスを出す。オスカールには背後からセルヒオ・ラモスが寄せ、右足を伸ばしてカットしたかに見えた。だが、セルヒオ・ラモスの右足はボールに触れず。接触したオスカールとセルヒオ・ラモスはともに倒れ、ボールはすぐ近くにいたフッキのところへ抜けた。

フッキは右腕と腰で寄せてきたジョルディ・アルバを完璧にブロックしてキープ。少し戻りながら、走り込んできたネイマールへパスする。ネイマールにはアモレビエタがついていたが、ネイマールがスルーしたので外にフリーでいたフレッジへ渡る。アモレビエタは反転してフレッジに向かうが、フレッジはダイレクトでファーサイドへ正確なシュートを流し込んだ。

技術的にはフッキのキープ力、スルーしたネイマールの判断力、そしてフレッジの冷静なシュート力が注目されるポイントだが、それよりも得点の要因となっ

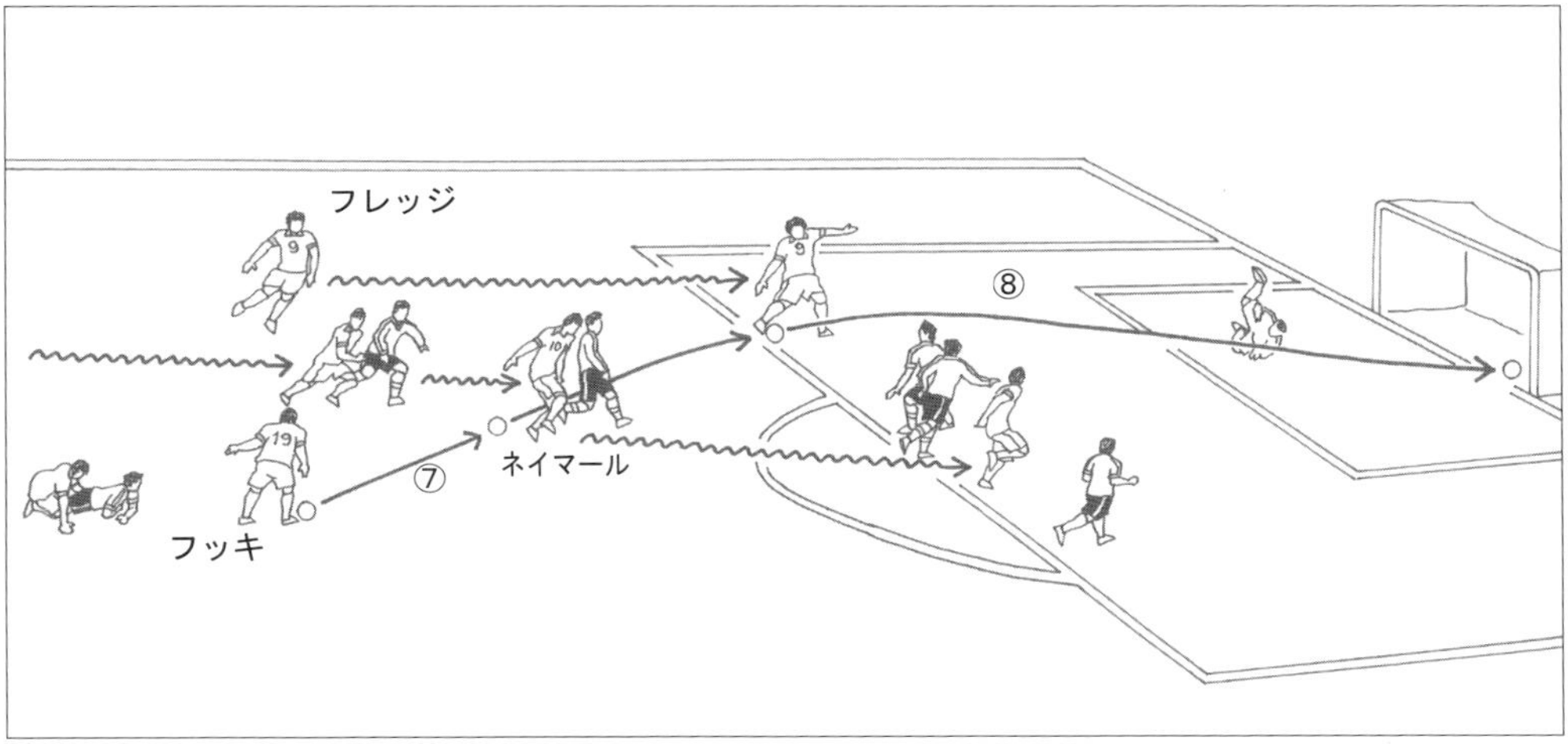

⑦フッキはネイマールへパスするがネイマールはスルー。サイドにいたフレッジへボールが渡る。
⑧フレッジはダイレクトでシュート。

たのはスペイン陣内でボールを奪ったことだ。

まず、パスカットしたピケへのプレッシャーが速かった。さらにセルヒオ・ラモスの最初のパスをオスカールが足に当てたのが大きい。これでセルヒオ・ラモスにはボールを蹴り出すしか選択がなくなった。この間、前方にいたスペインの選手たちは棒立ちの状態になっている。セルヒオ・ラモスが狙って蹴れる状況でないので、動きようがないのだ。スペインの選手が止まっているので、ボールのコースへ前進したマルセロはインタセプトできたわけだ。

このシーンでは、敵陣でボールを奪うことの有効性がよく表れている。ボールを失った瞬間から守備に切り替え、相手から判断を奪ってしまえば、敵陣でボールを奪うチャンスが大きくなる。そこで奪ってしまえば相手を置き去りにして攻め込むチャンスだ。ボールを失ったといっても、カットした直後は相手も即座に良い判断ができない。そこでプレッシャーをかければ、スペインといえどもただ蹴り出すだけになり、前方も動きがとれていない。ブラジルが守備力で奪った3点目だったといえる。

欧州クラブ編

European Football Club

technique 31

バルセロナ 引いたディフェンスラインの崩し方

［バルセロナVSレバンテ　3分］

左サイドのペドロが少しタメて中央のチャビへ横パス。チャビはワンタッチでディフェンスラインの裏へ走ったセスクにパス、フリーで抜け出したセスクはGKを引きつけて右にいたサンチェスへパス、サンチェスが難なく無人のゴールへ入れた。

リーガ・エスパニョーラ２０１３―１４の開幕戦、バルセロナはレバンテに７―０で大勝した。前半だけで６ゴールをゲットし、守備を固めるレバンテを粉砕。１点目は開始３分、引いて構えている守備を崩すにはどうしたらいいか、そのお手本のようなパスワークからのゴールだった。

左に開いたペドロにパスが渡ったとき、レバンテはペナルティエリアの外側のラインに沿って４バックが並んでいた。攻撃側のバルセロナはペドロに近い順にセスク、チャビ、メッシが中央にいて、逆サイドにはアレクシス・サンチェスがいた。

最初にアクションを起こしたのはペドロの右にいたセスクだった。セスクは縦に走り、ペドロはセスクの動きをオトリに使ってチャビへ横パスを通す。セスク

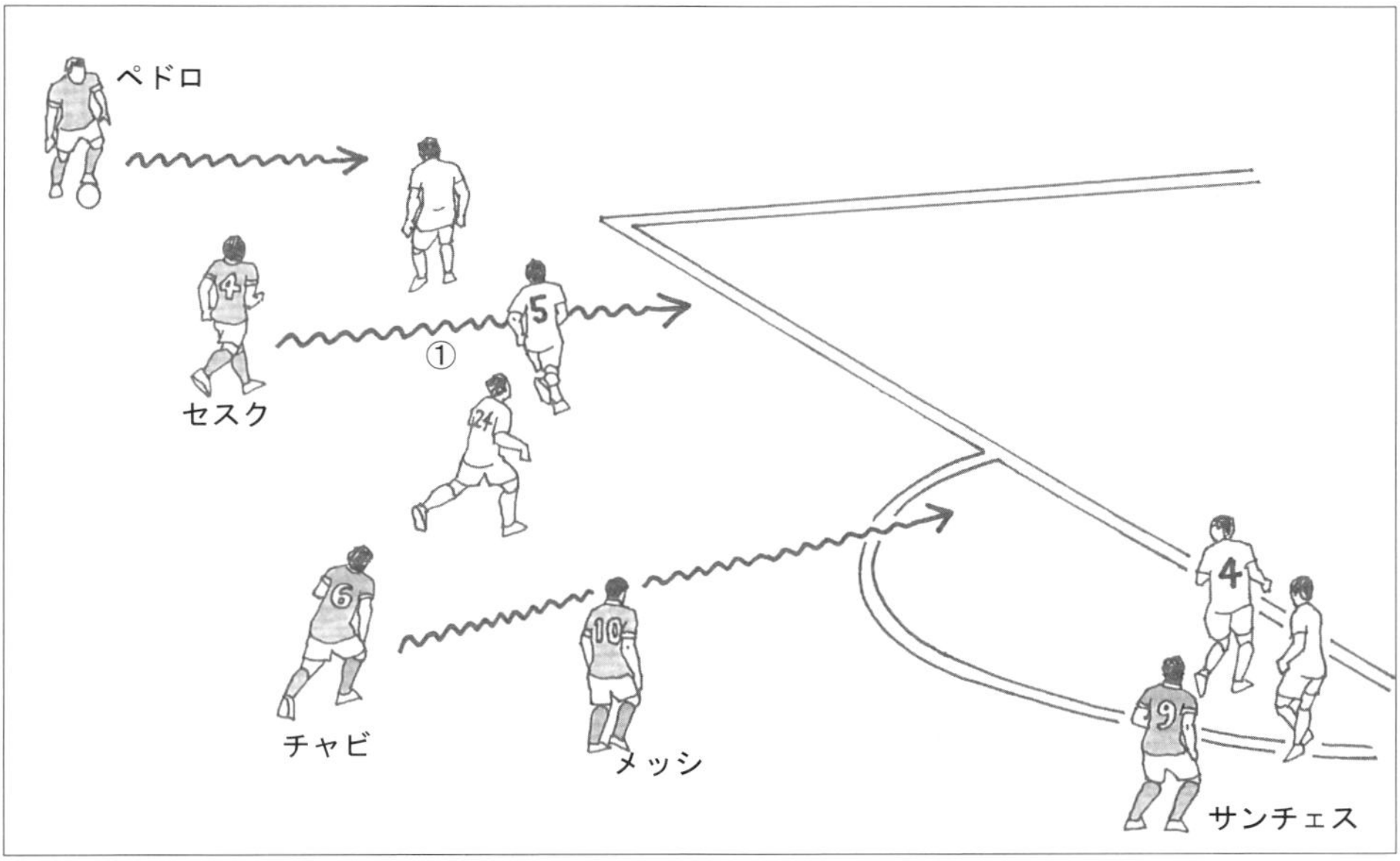

①左サイドのペドロにパスが渡った時、ペドロの右にいたセスクが縦に走る。

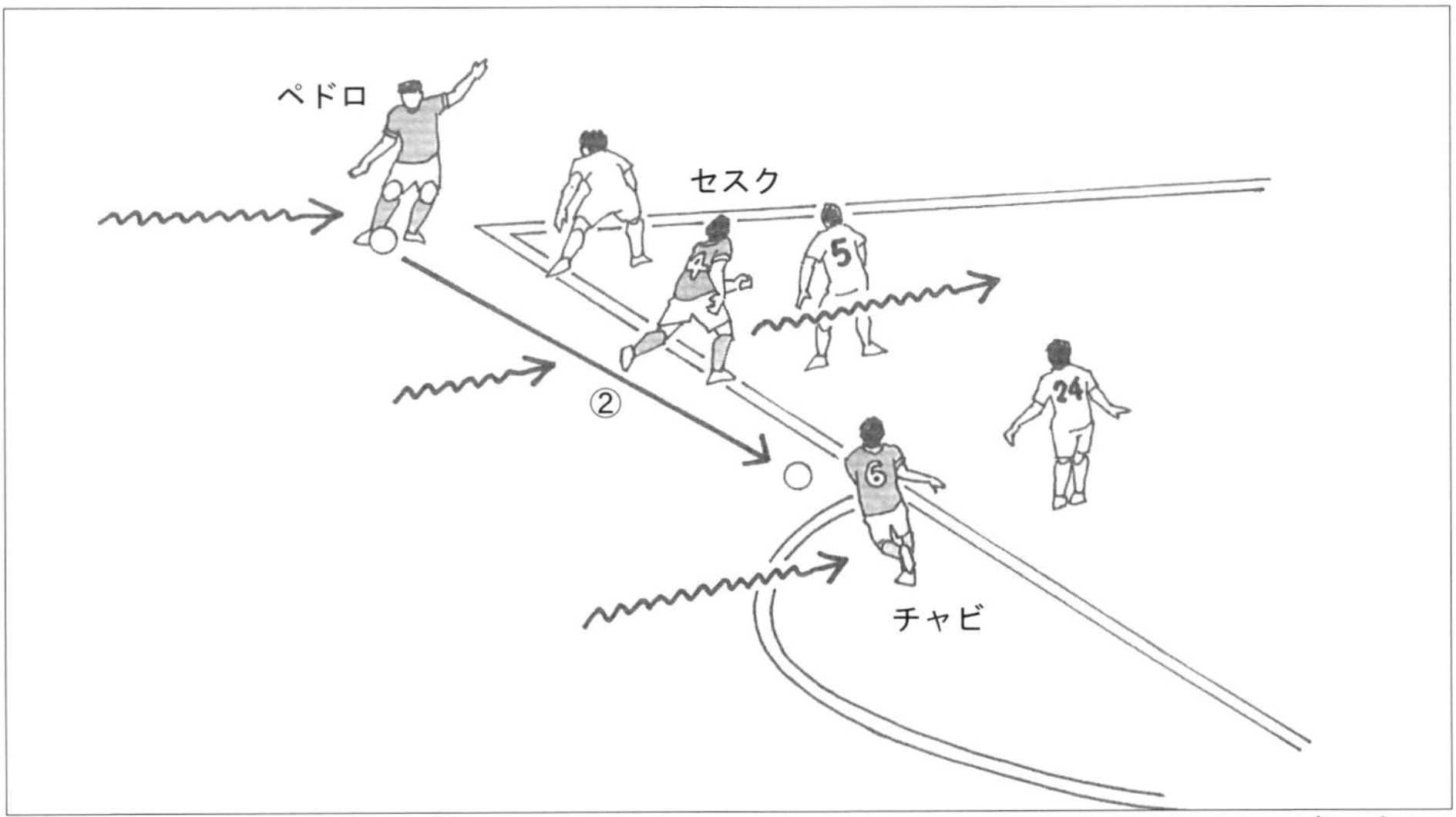

②ペドロは少しタメて、縦に走ったセスクをおとりに使って、中央に走り込んだチャビにパス。

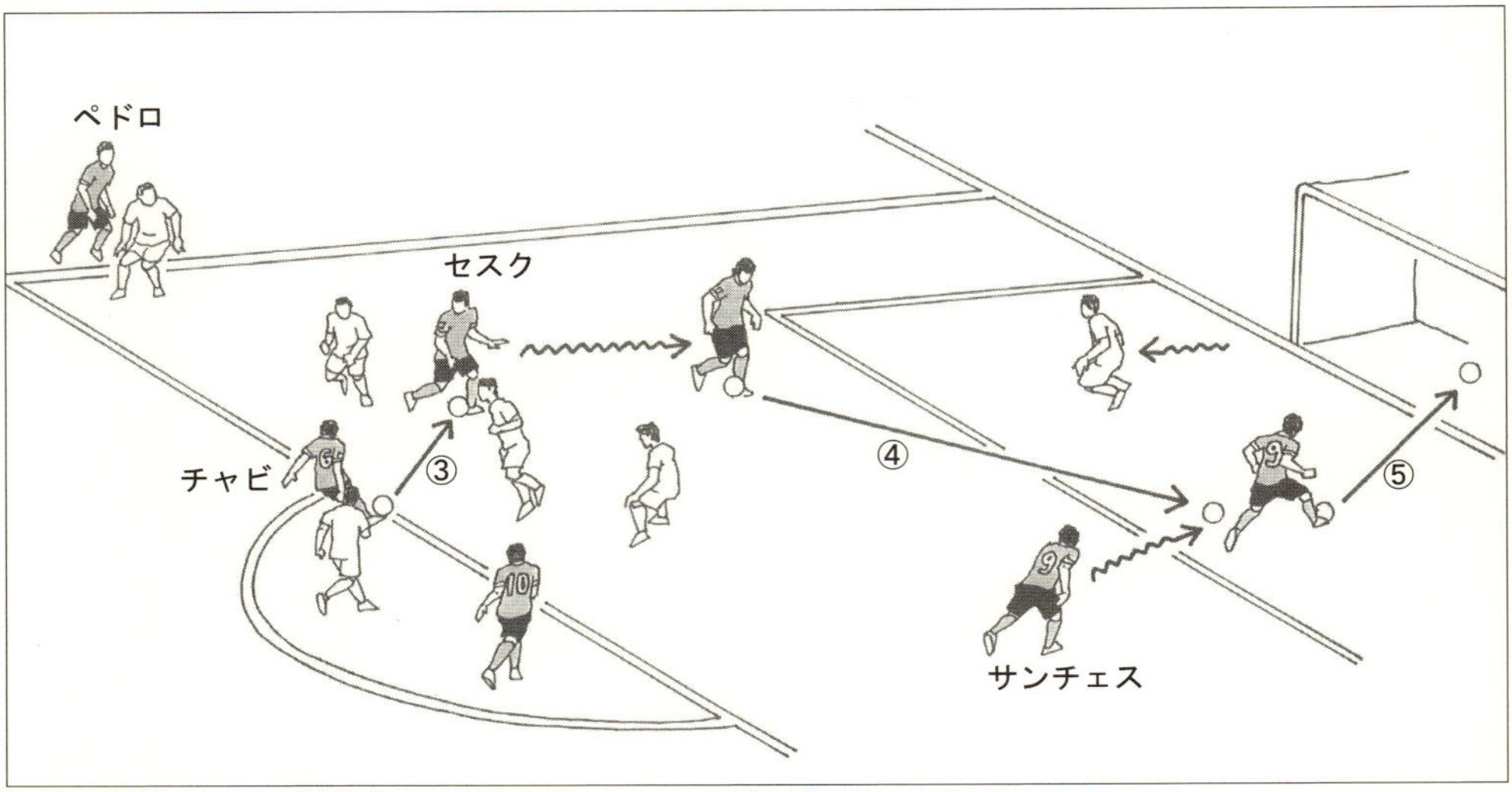

③中央に走り込んだチャビはレバンテのDFラインの裏に走り込んだセスクへワンタッチでスルーパス。
④フリーで抜け出したセスクはGKを引きつけ、右にいたサンチェスへパス。
⑤サンチェスがシュート。

のディフェンスライン裏へのランニングに釣られたのか、チャビの正面にいたDFの対応が少し遅れている。チャビは寄せられる前にワンタッチでレバンテのディフェンスラインの裏へスルーパス、すでに裏へ走っていたセスクがまったくフリーで抜け出した。

セスクとチャビに対応したレバンテのセンターバック2人には、セスクはオフサイドだと思えただろう。しかし、逆サイドでサンチェスをマークしていたDFが残っていたのでセスクはオフサイドにならなかった。

ポイントはセスクがラインの手前からランニングしたことだ。ディフェンスラインの前、いわゆるバイタルエリアは守備側にとって泣き所である。ここへつながれたら、対面のDFは前に出ざるをえない。元いた自分のスペースを守ることができなくなる。ある程度時間の余裕があれば、前に出たDFの左右の味方が絞り込んでカバーできるが、このシーンのような場面ではほとんど修正に動く時間はない。

バイタルエリアにパスをつながれたことで、レバンテのディフェンスラインはほぼ身動きのとれないフリーズ状態になった。それでも、攻撃側がライン上から裏に飛び出せばオフサイドになる確率は高い。しかしセスクのようにやや後方から走ることで、パスが出たときにはオンサイド、受けたときはラインの裏という状況になる。

「バイタルエリアへつなぐ、「間」につなぐ、あるいはボランチの背後へつなぐ、さまざまな言い方がある。確かにそれはゾーンの守備ブロックを崩すために重要な一手だ。しかし、そこへつなぐだけで自動的にゴールが生まれるわけではない。そこへパスをつなぐことで、ディフェンスラインの裏へ人とボールを送り込みやすくなるから、そこへつなぐ意味があるわけだ。いくらバイタルへつないでも、裏を狙う次の一手がなければ守備は崩れない。セスクのランニングはシンプルだが典型的な崩し方だった。

technique 32

バルセロナ 偽センターフォワードを使った突破

【バレンシアVSバルセロナ　9分】

ブスケツから前方のイニエスタへ縦パス、イニエスタがサポートについたセスクに落とすと、セスクはワンタッチでバレンシアのセンターバックの間をグラウンダーで抜くスルーパス。左サイドにいたネイマールが斜めに走り込んで受け、DFを切り返しで外そうとしたところで転倒、シュートには至らなかったが決定的なチャンスだった。

このシーンはいわゆる「偽の9番（センターフォワード）」を使った典型的な攻撃パターンである。ただし、ここでの偽9番はメッシではなくイニエスタがその役割を果たしている。

簡単に偽9番の攻撃を説明しておくと、まず両サイドのウイングがサイドに開き、かつ高い位置どりをすれば当然狙い目になるわけだ。

こちらは第2節のバレンシア戦でのバルセロナのチャンスメーク。ホームのバレンシアは極端に引くことはせず、この場面でも普通のライン設定で中盤からプレスをかけようとしている。そのぶんディフェンスラインの裏のスペースは大きいので、バルセロナとすればそこが当然狙い目になるわけだ。

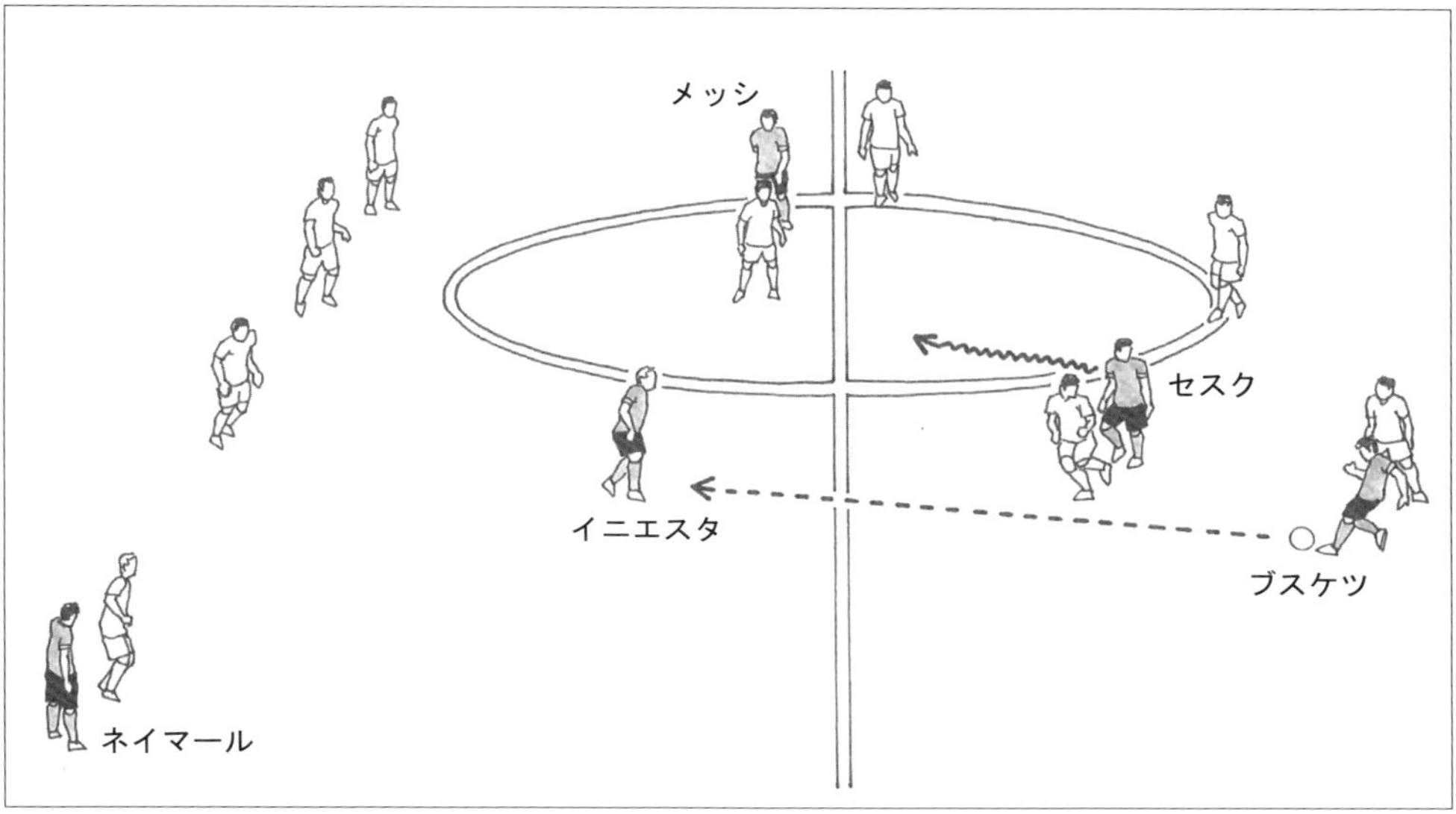

バルセロナのウイングがワイドに開き、イニエスタとメッシが中盤に引く。
ボールをもらいにきたイニエスタへブスケツがパスを狙う。セスクはイニエスタのサポートに。

ることが条件になる。ウイングがワイドの高い位置どりをすることで、相手のサイドバックはそこでウイングをマークする。そうすると自動的にセンターバックの位置も決まる。これが偽9番のポイントになる部分だ。センターバックがサイドバックより前にポジションをとることはないので、サイドバックの位置がディフェンスライン全体の高さを決めることになる。ここで、9番（センターフォワード）が中盤に引く。センターバックは9番について前に出るか、9番を追わずにラインに留まるかを判断しなければならない。9番を追っていけば最終ラインの中央のDFは1人となってしまうので、左右にできたスペースの両方をカバーするのが難しくなる。9番を追わずに留まれば、バルセロナはラインの手前で2人の数的優位を持つことになり、守備側はボールの奪回が難しくなってしまう。また、9番がメッシのような強力なドリブラーであれば、フリーにしてしまうこと自体が危険な状態を生みかねない。

さて、このシーンでのバレンシアは4人でディフェンスラインを形成しているので、偽9番に釣られていないように見えるが、実際には1人の体重が前にか

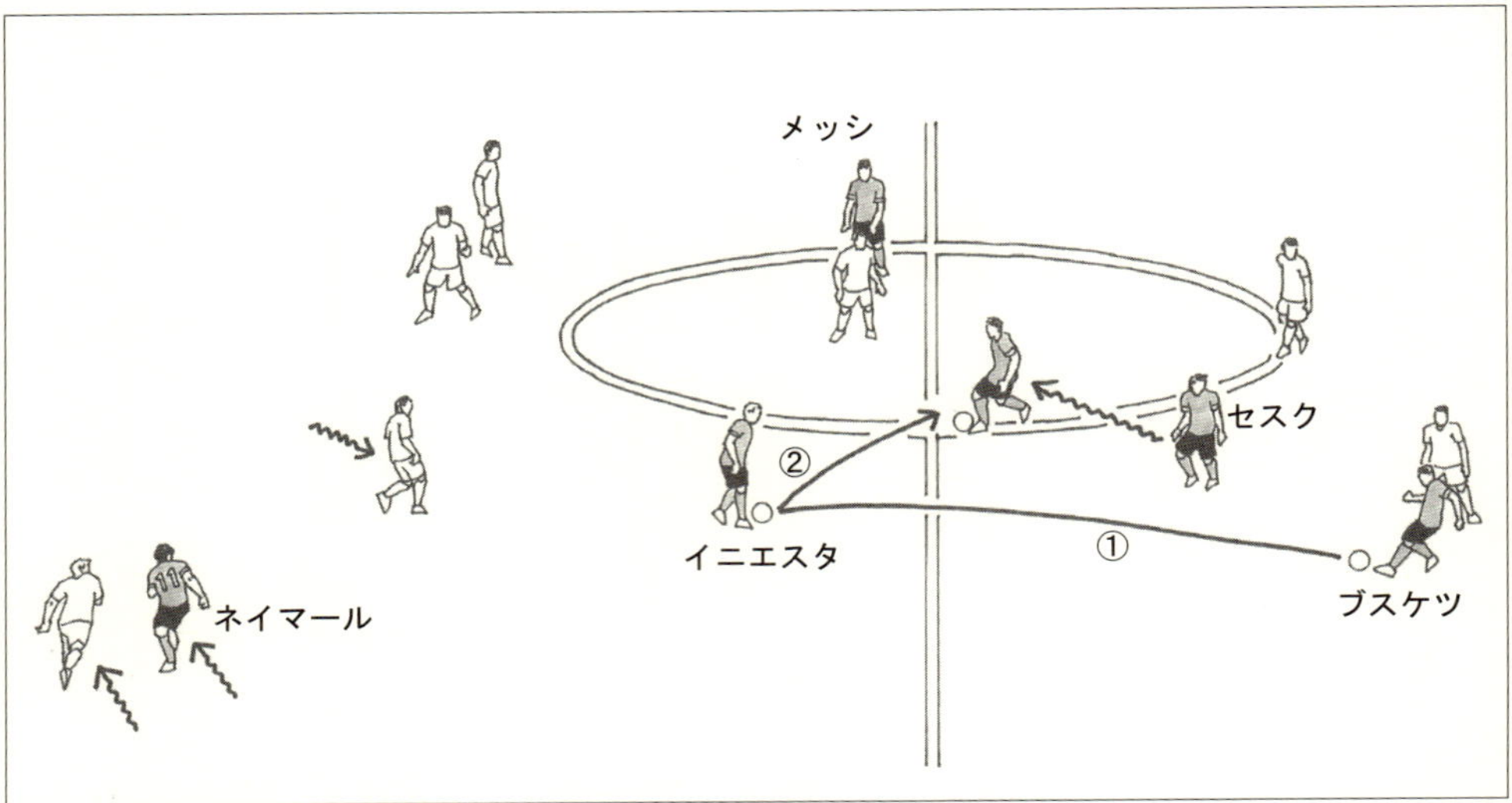

①ブスケツからイニエスタにパスが出るとバレンシアのDFの１人がイニエスタに少し引きつけられる。
②イニエスタがサポートについたセスクにパスを落とす。左サイドのネイマールがイニエスタに引きつけられたバレンシアDFの裏へ向けてスプリントを開始。

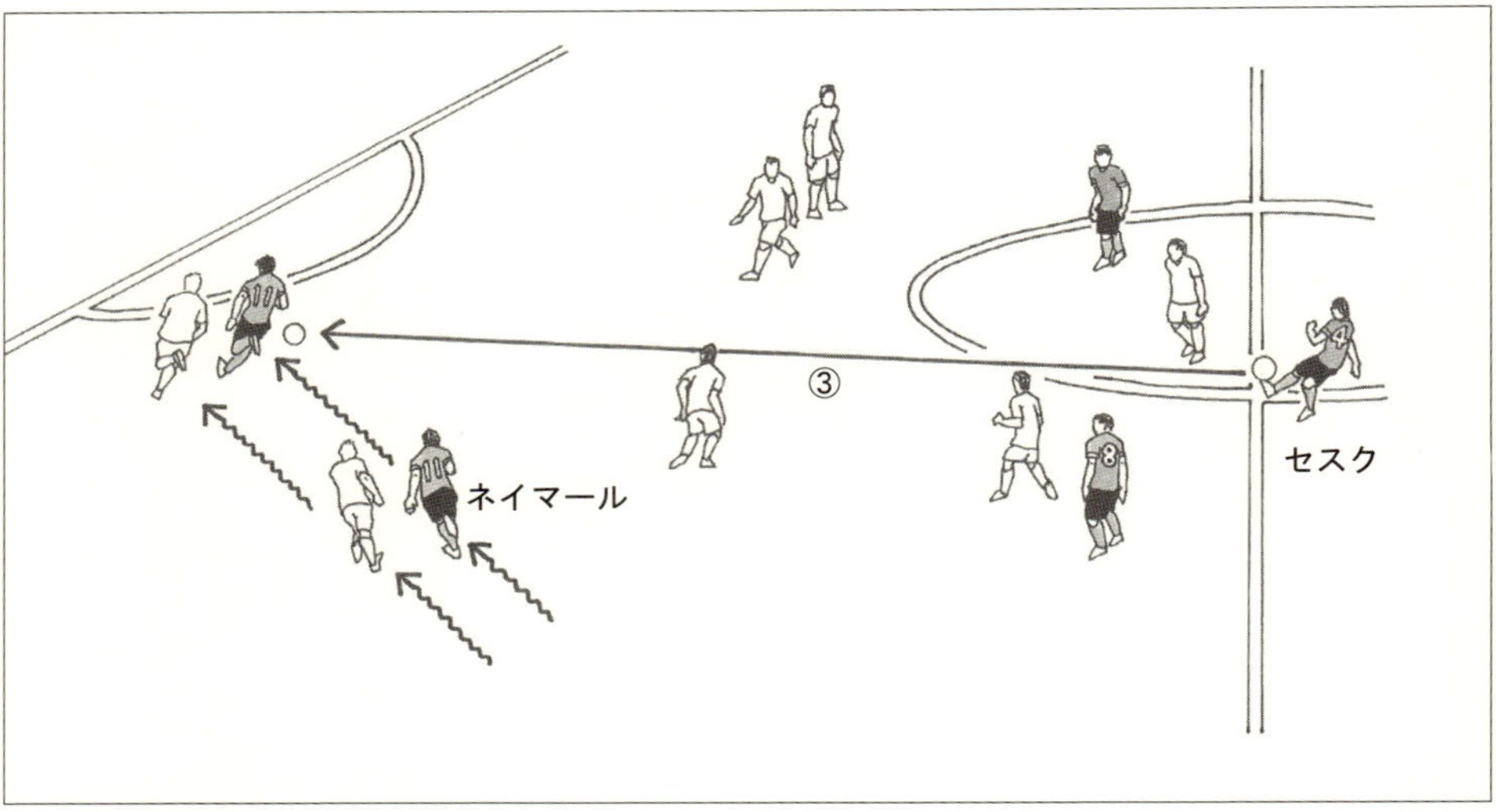

③セスクからネイマールへスルーパス。

かっていて、即座には守備ができない状態になっている。そのDFがマークに動こうとしているのは、ここではメッシではなくてイニエスタである。

イニエスタはハーフウェイラインを少し越えた場所にいる。ほぼ同じ位置で中央右側にはメッシが下りている。バルセロナのフォーメーションはメッシがセンターフォワードでイニエスタは左のMFなのだが、この2人は左右で偽9番の役割を分担することがあって、この場面はそれに近い。ブスケツから足下でパスを受けたイニエスタに対して、バレンシアのセンターバックは少し前に出ている。イニエスタはワンタッチでセスクへボールを下げ、セスクはすかさずセンターバックの間を通すスルーパスを出す。そのとき左サイドにいたネイマールが斜めにスプリントして、センターバックの裏でボールを受けた。ネイマールには右サイドバックのジョアン・ペレイラが追走、ネイマールが切り返しで外そうとして足をとられて転倒したのでシュートには至らなかったが、決定的な場面だった。

technique 33

バルセロナ カットインからの突破

［バレンシアVSバルセロナ　41分］

左サイドのネイマールにパスが渡る。ネイマールは対面のDFをかわしながらカットイン、シュートモーションから中央へ走り込んだメッシへグラウンダーのパスを合わせる。メッシはダイレクトシュートを決める。

このシーンはバルセロナの3点目。メッシはこのゴールにより前半だけでハットトリックを達成した。ネイマールがサイドからドリブルで切れ込み、センターバックがカバーに動いたことで空いたスペースへメッシが走り込んでいる。形としては単純だが、ネイマールとメッシのスピードが生きた攻撃だといえる。ちなみに、ネイマールとメッシのコンビネーションが生んだ最初のゴールになった。

ネイマールのカットインによって、バレンシアの右センターバックが釣られているのだが、左センターバックは連動が遅れている。そのためにセンターバック間にスペースが空き、そこに走り込んだメッシにパスを通された。ただ、バレンシアの連動がとくに遅かったわけではない。

①左サイドのネイマールへパス。
②ネイマールはドリブルでカットイン。バレンシアの右センターバックがネイマールに釣られる。ネイマールは中央へ走り込んだメッシへパス。
③メッシがダイレクトでシュート。

どんなディフェンスラインでも同時に動くことは無理である。1人がボールに対応して動き、そのときに広がった距離を調整すべく隣の選手が動くことになる。動き方は決まっているので場合によってはタイムラグの少ない連動はできるが、それでもタイムラグはどうしても避けられない。この場面ではネイマールのドリブルのスピード、メッシの走り込みのスピードが速く、連動が間に合う状況ではない。また、メッシはダイレクトでシュートを打っているので多少連動が速くても止められなかっただろう。

technique 34

バルセロナ バイタルからサイドを使った攻撃

［バレンシアVSバルセロナ　59分］

メッシからバイタルエリアでパスを受けたセスクは短いドリブルを挟んで右へ展開、スペースへ走り込んだダニエル・アウベスがファーサイドにクロスボールを送るが、バレンシアのDFがヘディングでクリアした。

バイタルエリアへパスをつないでからサイドを使った形がこのシーンだ。セスクはバレンシアのMFとDFの間にポジションをとり、メッシからのパスを受けてターンした。

バレンシアのDFは前に出てセスクにプレッシャーをかけるのではなく、引きながらラインを整えるほうを選択した。セスクがパスを受けたときのポジショニングはバレンシアの左センターバックと左サイドバックの中間で、どちらもチャレンジしにくい位置だった。また、裏に入られたバレンシアMFが戻ってきていたので、慌ててセスクへ向かって飛び込むよりも少し時間を稼げば挟み撃ちにできると判断したのだろう。

セスクはターンした後、ドリブルでバレンシアのDFにつっかけている。このとき、セスクの右にいたペ

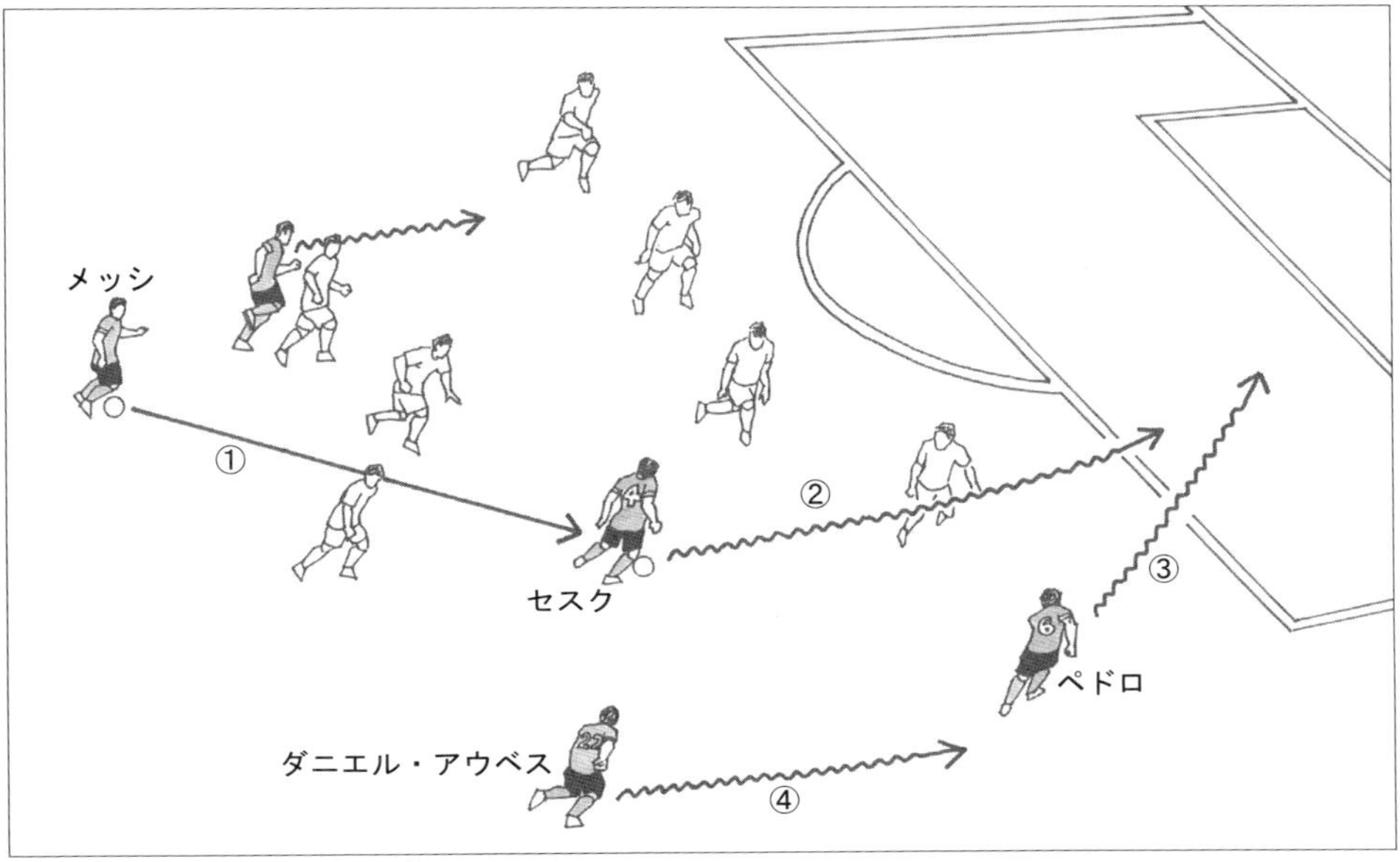

①メッシからセスクへパス。
②セスクはドリブル。
③セスクの右にいたペドロがバレンシアDFの裏へ走り込む。
④ペドロがいたスペースにダニエル・アウベスが走り込む。

ドロはラインの裏へ斜めに動く。同時にペドロの背後では、ペドロが斜めに動いたことで空いたスペースにダニエル・アウベスが走り込んでいた。

セスクはペドロへのパスではなく、ダニエル・アウベスへのパスを選択。ダニエル・アウベスはダイレクトでクロスを入れる。クロスの選択肢は3つある。ディフェンスラインとGKの間に入れる速いクロス、ラインの手前へ戻すプルバック、ライン上の浮き球のクロスだ。ダニエル・アウベスは3つめのハイクロスを選択している。

本来なら、セスクからパスを受けた時点でバレンシアのラインの裏へ入り込めていれば完璧だったのだが、ダニエル・アウベスのオーバーラップを予測していたバレンシアDFのリアクションが速く、ダニエル・アウベスにボールが届いた時点で同じ深さにバレンシアのラインができていて、さらに左サイドバックが寄せてきていた。中央にはアーリークロスを狙うペドロ、プルバックの位置にはセスクがいたが、どちらに合わせるのも難しかったのだろう。逆サイドのネイマールへのハイクロスを選択した。

バイタルへのつなぎとウイングの斜めの走り込み、

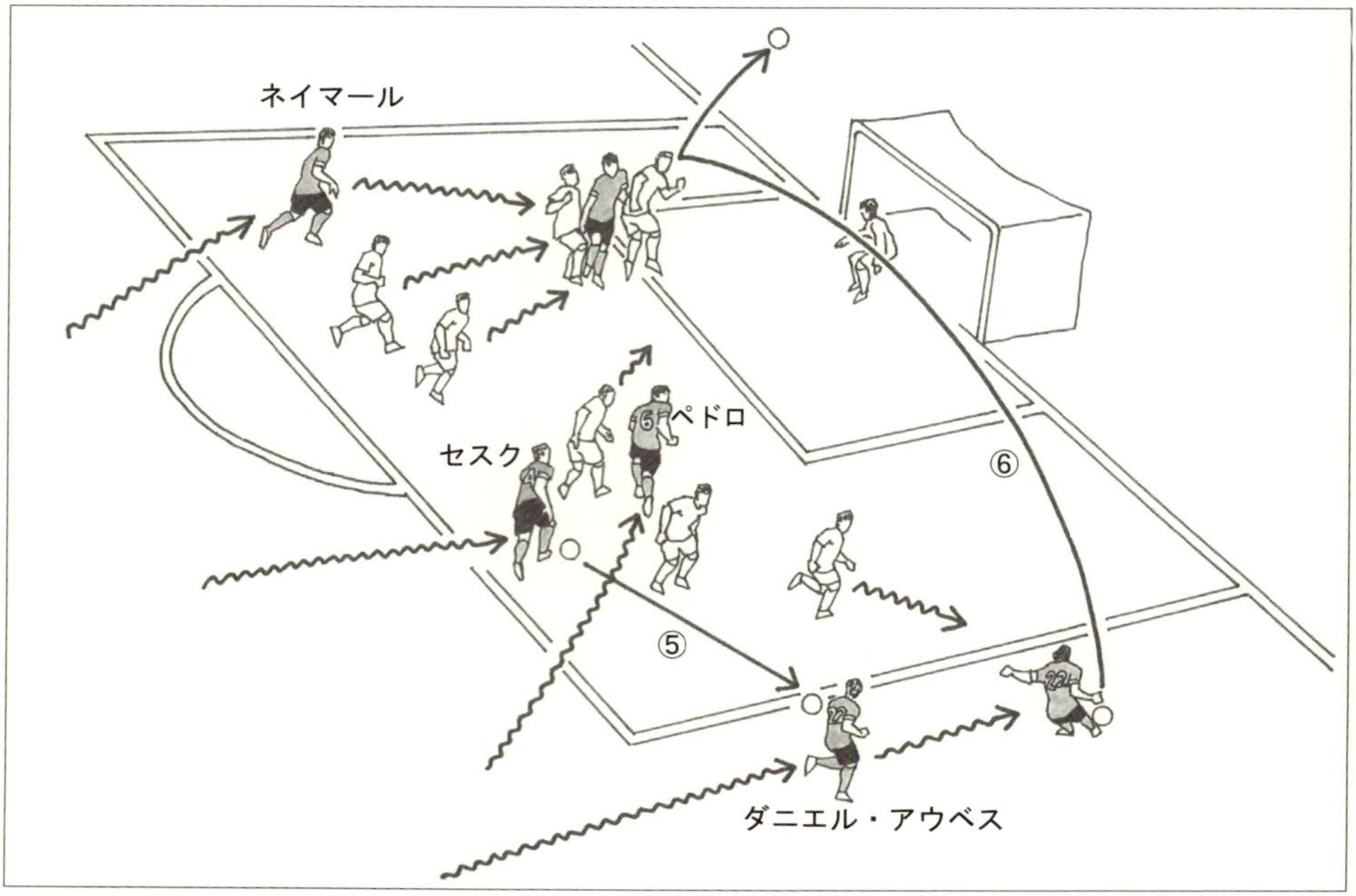

⑤セスクはダニエル・アウベスへパス。
⑥ダニエル・アウベスは逆サイドのネイマールへクロスを入れるがバレンシアのDFがクリア。

それと連動したサイドバックのオーバーラップはバルセロナの得意とする攻撃パターンだが、唯一の弱点はゴール前に高さが足りないことだ。アーリークロスとプルバックはいいのだが、このケースのようにハイクロスを選択したときに競り勝つ高さが足りない。ここにかつて在籍したイブラヒモビッチがいれば完璧なのだろうが、それではメッシの偽9番は成立しなかった。メッシ、ペドロ、ネイマール、アレクシス・サンチェスはヘディングが弱いわけではないが、高さよりもスピードが武器のアタッカーだ。イブラヒモビッチをわずか1シーズンで放出した時点で、速さに特化していったともいえるかもしれない。

technique 35

バイエルン・ミュンヘン リベリー、ロッベンの生かし方

［バイエルン・ミュンヘンVSニュルンベルク　78分］

右サイドでボールを持ったロッベンは、得意の左足アウトサイドを使ったカットインのドリブルで対面のDFを抜き、さらに1人を縦に抜き去って角度のないところからGKの足の間を抜くシュートを決めた。

ブンデスリーガ第3節、バイエルンは守備を固めるニュルンベルクに対して前半は得点をあげられず。しかし、後半には攻撃の勢いを増して次々に決定機を演出した。波状攻撃からリベリーがヘディングで1点をゲットすると、ロッベンが得意のドリブルから2―0と突き放して勝利している。

対面の相手につっかけて、一瞬で方向を変えるドリブルはロッベンの十八番として世界中に知れ渡っている。しかし、わかっていても1対1では止められない。瞬間的な加速が驚異的で、人類にはまず止められないレベルである。この点は同僚のリベリー、バルセロナのメッシと同じ質のドリブラーといえる。

さて、このシーンを取り上げたのは実はロッベンのドリブルに注目するためではない。それに関してはもう見てのとおりだ。バイエルンは左サイドにロッベンと並ぶドリブラーであるリベリーもいて、こちらは縦へも中へも行くタイプなのでロッベンよりも相手には厄介だろう。合わせて〝ロベリー〟と呼ばれるロッベン、リベリーはバイエルン最大の武器であり、これを生かさない手はない。グアルディオラ監督もそこは十分考えているようで、やや特殊な使い方をしているのが興味深いのだ。

ニュルンベルク戦では、現状でベストと思われるメンバーで臨んでいた。それまで負傷で戦列から離れていた新戦力のゲッツェが先発、さらに監督の希望でバルセロナから獲得したチアゴ・アルカンタラも先発出場だった。GKは不動のノイアー、DFは右からラーム、ボアテング、ダンテ、アラバの4バックとなっているが、実は少し違っている。これについては後述したい。MFは中央にシュバインシュタイガー、右にゲッツェ、左にチアゴ、FWは左右にロベリー、中央にマンジュキッチである。

しかし、試合が始まってみるとフォーメーションは予想された4—3—3ではなく、3—4—3だった。3バックはボアテング、ダンテ、アラバ。中盤は中央にシュバインシュタイガー、右にラーム、左にチアゴ、トップ下にゲッツェのダイヤモンド型。3トップは同じ。ただし、固定された3—4—3ではなく、攻め込まれたときには通常の4—3—3になっている。ニュルンベルクに押し込まれる状況がほとんどなかったので、ダンテとシュバインシュタイガーの2バックのように見えるときもあった。

3—4—3と4—3—3を使い分けるのはバルセロナ式の基本といっていい。グアルディオラ監督はそれをバイエルンに導入しただけともいえそうだが、少し違うのはウイングとサイドバックの機能性である。

リベリーとロッベンの両ウイングはタッチライン沿いに開いたままなのだ。バルセロナ式でも両サイドは開いているが、最終局面では中へ入って外のスペースをサイドバックに使わせる。グアルディオラがバルセロナの監督をしていた時期もそうだった。ところが、バイエルンでは両ウイングはサイドに張ったままで、むしろその内側をサイドバックが進出してくる。これは世界最高クラスのウイングプレーヤーが2人いるか

右サイドでボールを持ったロッベンは、得意の左足アウトサイドを使ったカットインのドリブルで対面のＤＦを抜き、さらに１人を縦に抜き去って角度のないところからＧＫの足の間を抜くシュートを決めた。

らに違いない。

バルセロナではサイド攻撃は主にサイドバックの仕事だったが、バイエルンでは1対1で圧倒的に有利なロベリーがいるのだから、彼らに突破の仕事を任せてしまったほうがいい。そのかわり、内側からサイドバックにサポートさせようという試みだろう。

ニュルンベルク戦では、サイドバックというより3―4―3のMFがロベリーの内側でサポートポジションをとっている。右はラーム、左はチアゴだ。攻撃時に後方に残るのはダンテ1人、その前にシュバインシュタイガーがいるだけの縦の2バック状態だった。自陣でのビルドアップの際、中央にダンテ、その前にシュバインシュタイガーがいて、ボアテングとアラバは左右に大きく開いている。ラームとチアゴは左右のボランチの位置でプレーした。

面白いのは守備のときの変化だ。ニュルンベルクは1人しか前線に残していないので、カウンターアタックに対してはダンテとシュバインシュタイガーで対処し、さらに戻らなければならないときはボアテングが中央に絞る。そしてボアンテングのいた右サイドにはラームが戻ってきてカバーする。アラバは左サイドを上下動し、チアゴはディフェンスラインには入らない。つまり、攻撃のときは3―4―3、守備では最終的に4―3―3になるという変則的なシステムなのだ。

この可変型システムの狙いは、ゲッツェを自由にプレーさせることだろう。ビルドアップ時にディフェンスラインに引くシュバインシュタイガーのかわりにボランチの位置でパスを引き出す役としてチアゴとラームを使えることにも意味がありそうだ。ただ、ロッベンとリベリーを追い越すサイドバックが不要だということも大きいと思われる。単独で突破できるウイングがいるので、外側のサポートはほとんど必要がない。そのぶん、中央を厚くすればボール支配力を高めることができるからだ。

このシステムを使うにあたってはラームの存在も無視できない。MFとサイドバックの両方ができるラームがいてこその可変型といえる。この試合で左サイドに専念したアラバもラームと同じマルチプレーヤーなので、サイドバックとボランチを兼ねた使い方は違うシステムでも可能だろう。

technique 36

ボルシア・ドルトムント走っている選手へのパス

［フランクフルトVSボルシア・ドルトムント　5分］

自陣でボールを持ったフンメルスからロングパスがブワシュコフスキへ出る。ブワシュコフスキはサポートについたシャヒンへワンタッチで落とすと、シャヒンもワンタッチでフランクフルトのディフェンスライン裏へ走り込んだロイスへ絶妙のパス。ペナルティーエリアへ侵入したロイスからの短い横パスをブワシュコフスキがダイレクトシュートで狙うがＧＫがセーブした。

　バイエルン・ミュンヘンとブンデスリーガの優勝を争うボルシア・ドルトムントは、２０１２－１３シーズンのＣＬで準優勝した強豪だ。このシーズンはブンデスリーガとＣＬの両方でバイエルンに屈したものの、バイエルンとはまた違った強さを持っている。

　第4節のフランクフルト戦でのこのシーンは、ドルトムントらしいダイナミックなカウンターアタックからの決定機だ。

　バイエルンとの大きな違いは、バイエルンがテクニックとパスワークを背景に高いボールポゼッションでゲームを進めるのに対して、ドルトムントは強固な守備とカウンターアタックを得意としていることだ。もちろんドルトムントもポゼッションはするが、得意なのは走力を生かしたテンポの速い攻撃であって、ポゼッションは比較的低いチームである。

このシーンはセンターバックのフンメルスからのロングパスが起点となっている。フンメルスはボール扱いが上手く、パスの精度が高いセンターバックだが、中盤を通過するロングパスを多用する。バイエルンやバルセロナならば、ショートパスをつなぎながらゆっくりと全体を押し上げていくような状況でも、フンメルスはロングパスを選択することが多い。これはフンメルスの特徴というよりもチームの方針だからだろう。

フンメルスのロングパスを呼び込んだのは2列目の右サイドを担当しているブワシュコフスキだった。少し引きながらフンメルスのパスを引き出し、サポートについたボランチのシャヒンにワンタッチで落としている。ドルトムントらしいのは、フンメルスから縦パスが出た時点で、すでに左サイドのロイスが縦に走っていることだ。

ブワシュコフスキが浮き球をシャヒンに落としたときには、ロイスは左サイドから斜めにランニングの方向を変えてディフェンスラインの裏のスペースを狙って走っている。シャヒンはロイスの動きを見て、ディフェンスラインの裏へ正確なパスを供給した。このシャヒンのパスもワンタッチである。

フンメルスのロングパスから、ブワシュコフスキ、シャヒンとボールを止めずにワンタッチパスを続け、スピーディーにラインの裏へロイスを送り込んでいる。このテンポの良さとスピード感がドルトムントらしい。ポイントはロイスのランニングだ。

フンメルスから中盤をスキップして前線に長いボールが出た、中盤を省略したぶんロイスは前方へ走る必要があった。同時に、それがスピード感を生み出している。ブワシュコフスキがボールをノックダウンした時点で、ロイスはランニングの方向を変えて一気に裏をつく動きをしているが、前を向いているシャヒンにはロイスの動きの変化が十分に見えている。タイミング的にもワンタッチがベストだった。ロイスがずっと動き続けていて、狙っているスペースも明確なので余分なタッチは必要なかった。

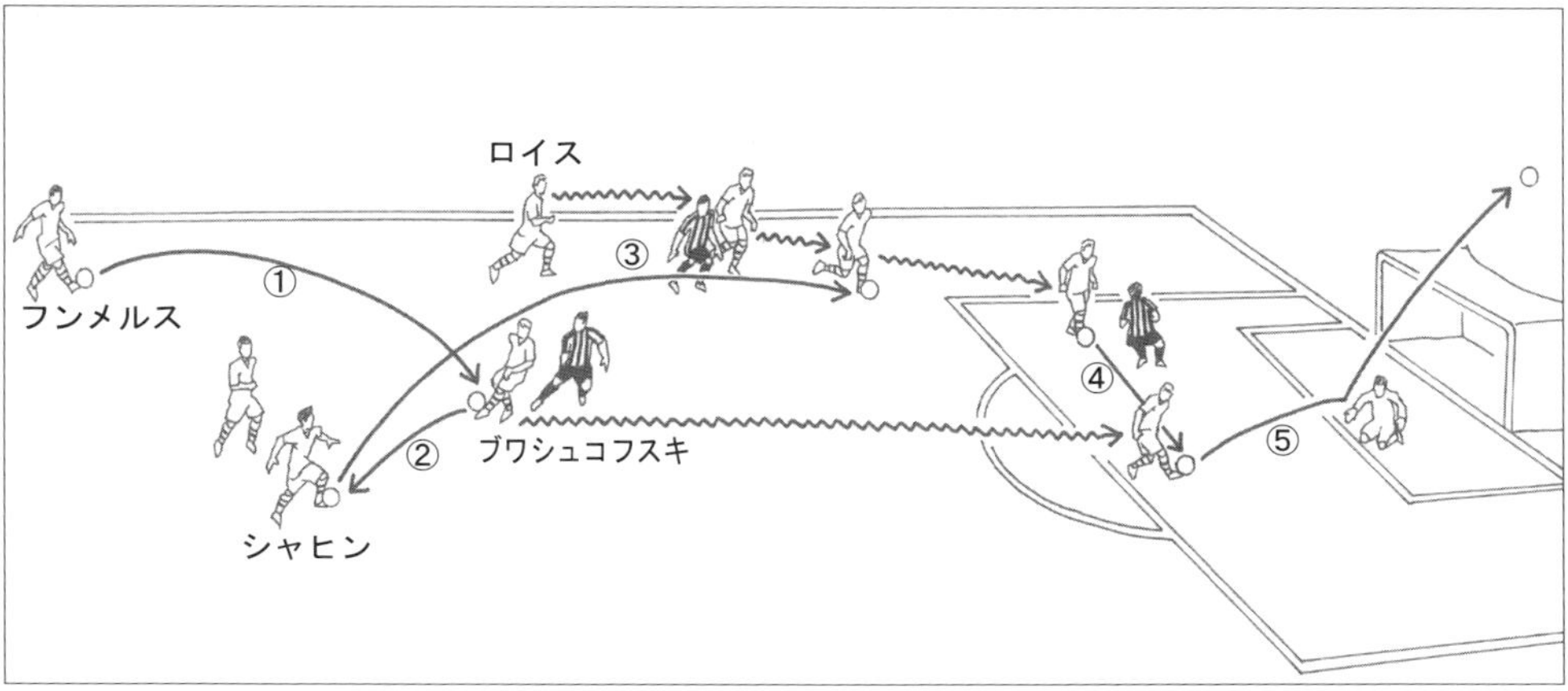

①自陣でボールを持ったフンメルスからロングパスがブワシュコフスキへ出る。
②ブワシュコフスキはサポートについたシャヒンへワンタッチで落とす。
③シャヒンもワンタッチでフランクフルトのDF裏へ走り込んだロイスへパス。
④ペナルティーエリアへ侵入したロイスは短い横パスをブワシュコフスキへ。
⑤ブワシュコフスキがダイレクトシュートで狙うがＧＫがセーブした。

ワンタッチパスを連続させる技術の精度は要求されるものの、それ以上の技術的な難しさはない。小細工もいらなければ、とくに高度なアイデアも要求されていない。ロイスの走力とスピードがこの局面のほぼすべてといっていいだろう。

ドルトムントはドイツの人気クラブであり名門だが、バイエルンほどの財力はない。国内で最高の選手はバイエルンに吸収されてしまう。ドルトムントのエースだったゲッツェも２０１３―１４シーズンにはバイエルンへ移籍している。高年俸の外国人選手の獲得となれば、なおさらバイエルンに太刀打ちできない。バイエルンと同じようなチームを作っても、選手のクオリティで勝てないのは明白だった。

そこでドルトムントは比較的安価な選手やまだブレイク前の若手に補強のターゲットを絞り、バイエルンとは違ったチーム作りを行った。テクニシャンは市場価値が高いが、運動量の選手は比較的安い。走れる選手を集めて、運動量やスピードやテンポの速さでバイエルンに対抗するチームを作り上げたわけだ。

ワンタッチパスは簡単ではないけれども、決め打ちのプレーである。パスを出す場所さえ明確ならば、正確なタッチ以上の技術は求められない。この場面ではロイスの狙っている場所は非常に明確で、シャヒンには他に選択の余地がないぐらいだ。このようにワンタッチパスを成立させるランニングの質と量こそが、ドルトムントの武器といえる。パスの出しどころをより明確にするには、スペースがあるうちに攻め込んだほうがいい。ドルトムントがあまり中盤で手数をかけずに前線へのフィードを多用するのも、走力と少ないタッチによる明確な攻撃、ゴールへ直線的に迫るルートを確保するためだと考えられる。

足下へのパスでもないし、パスを出してから走らせるのでもなく、走っている選手を使っていく。その典型が3人目の動きであり、このシーンではフンメルスからブワシュコフスキへパスが出た時点ですでに走り始めていたロイスのランニングなのだ。

technique 37

ボルシア・ドルトムント3人目の動き

［フランクフルトVSボルシア・ドルトムント　71分］

ベンダー→シャヒン→ロイス→レバンドフスキと中央でノンストップのパスが続き、抜け出したレバンドフスキがシュート。ＧＫにセーブされたがスピード感あふれる攻め込みだった。

このシーンもドルトムントらしいコンビネーションだ。ベンダーからシャヒンにパスが出た時点でロイスはパスを受けるために動き出していて、ロイスへ渡ったときにはすでにレバンドフスキがマークを外していた。

パスの経路はジグザグだが、ノンストップでゴールへ迫っている。まるで旗門をスラロームで通過するスキーヤーのようだった。１つのパスに対して、次の次の選手がアクションを起こしているのがドルトムントらしい。パスしてから考えて次ではなく、次のパスやその次のパスまで「予約」されている。こうした動き出しの早さがシンプルな判断とパスを引き出しているわけだ。

付け加えると、こうした先、先へ動いていく攻撃が失敗した場合の守備への切り替えが非常に速いのもこのチームの特徴といえる。複数の選手が同時にアク

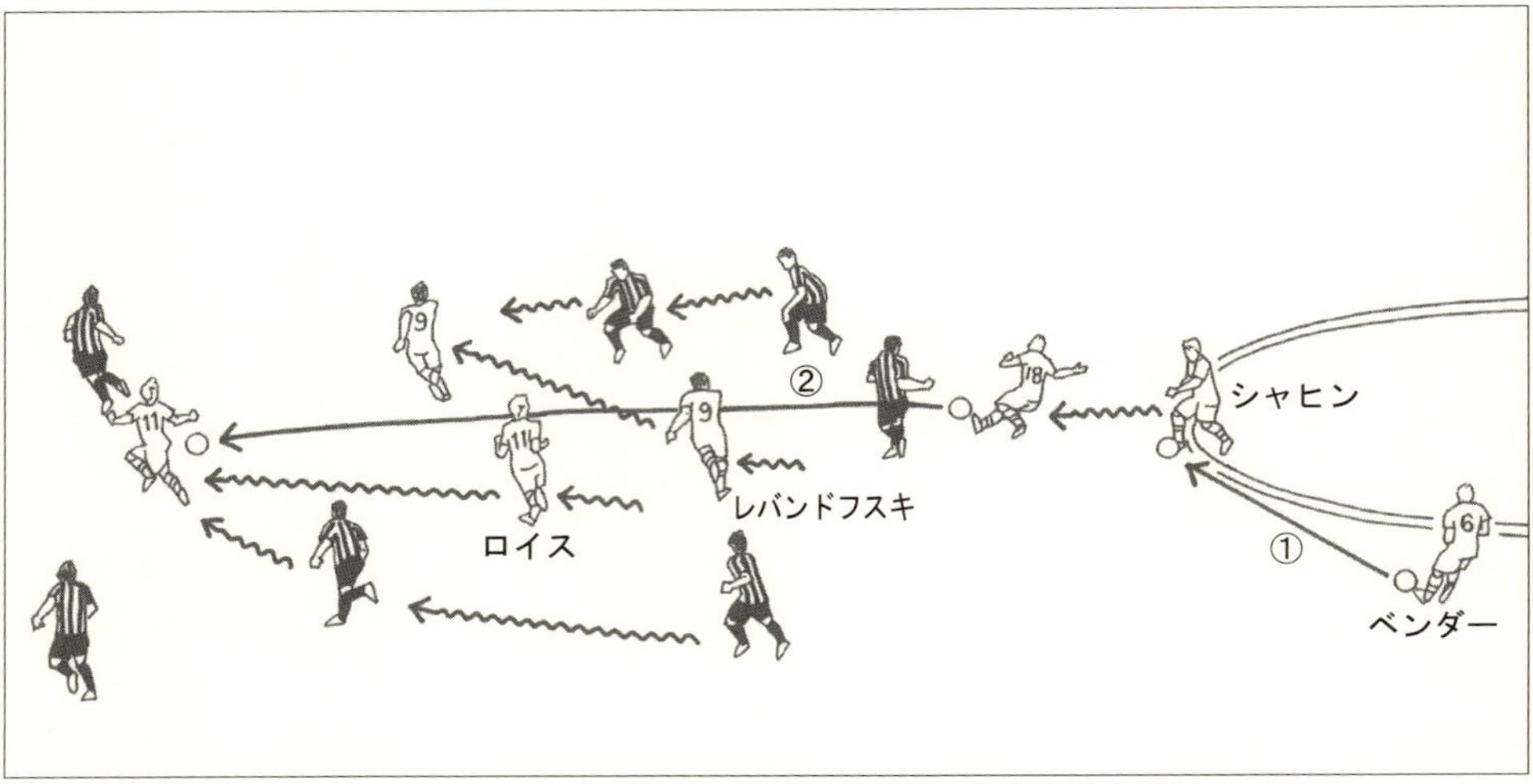

①ベンダーからシャヒンへパス。この時、ロイスはパスを受けるために動きだしている。
②シャヒンからロイスへパスが渡った時は、すでにレバンドフスキがマークを外していた。

③ロイスからレバンドフスキへパス。
④ロイスからパスを受けたレバンドフスキがシュートを決めた。

ションを行う攻撃は、例えば途中でインタセプトされてしまうと数人が置き去りにされてしまう危険がある。しかし、ドルトムントはボールを失ったときにはただちに守備へ切り替え、ボールより前に出てしまった選手の戻りも速い。いわゆる攻め残りが少なく、とくにロイスとブワシュコフスキはサイドバックの手前までは必ず戻りきっている。

もちろん、まともに相手のカウンターを食らってしまうケースも少なくないのだが、そこはクロップ監督もある程度割り切っているのだろう。どんなチームにも長所の裏返しに欠点がある。長所で弱点をカモフラージュするのがベストだが、割り切りも必要だ。明確なコンセプトに基づいてチームを構成しているドルトムントは、それだけの「覚悟」を持ったチームであり、それはどこか清々しいプレーぶりに表れているように思う。

technique 38

ボルシア・ドルトムント カットインからの単独ゴール

［フランクフルトVSボルシア・ドルトムント　56分］

右サイドの深い位置でグロスクロイツからのパスを受けたムヒタリアンは反転してマークを外し、そのままペナルティーエリアに沿って横断するようなドリブルの後、左足でファーサイドにミドルシュートを突き刺し、２—０とリードを広げた。

シンプルなチームプレー、組織的な守備、運動量、規律がストロングポイントのドルトムントだが、全選手がハードワーカーのタイプというわけではない。クロップ監督が起用してきたトップ下は香川、ゲッツェ、ムヒタリアンと技巧派が３代続いている。

この３人は決定的なパスが出せて、自らも得点もできる。守備も手を抜かない真面目な選手たちだが、資質的にはハードワーカーではない。その点ではグロスクロイツやブワシュコフスキ、ベンダー、シュメルツァーといった〝走ってナンボ〟のタイプとは一線を画している。

２０１３—１４シーズンにゲッツェの後釜としてウ

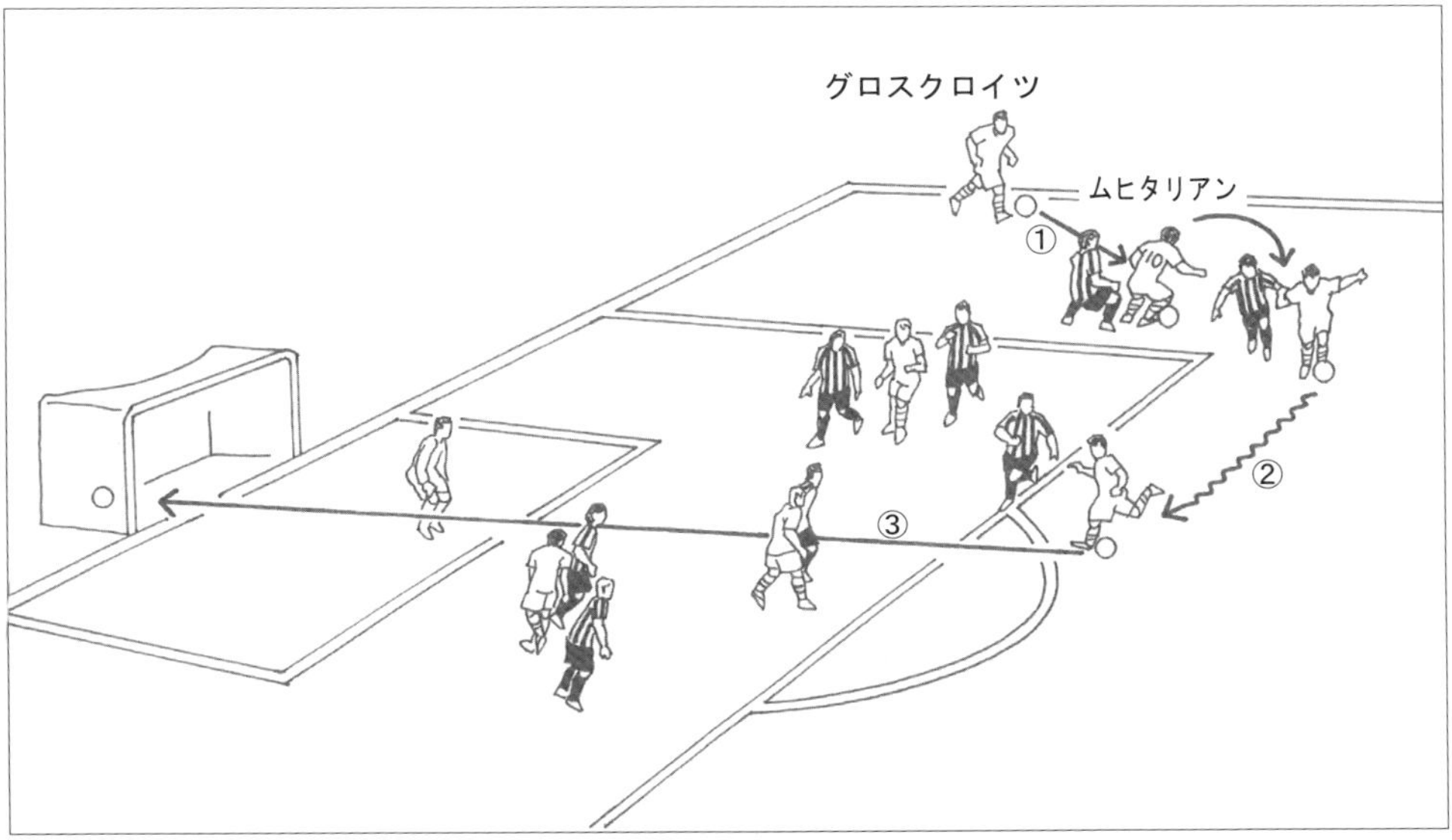

①ムヒタリアンが右サイドの深い位置でグロスクロイツからのパスを受ける。
②ムヒタリアンは反転してマークを外し、ドリブルで中央へ切れ込む。
③ファーサイドにミドルシュート。

クライナのシャフタールから加入したムヒタリアンは、香川やゲッツェに勝るとも劣らない才能の持ち主だ。背筋をピンと張った軸のブレないボディバランスと、ゲームを読む目、正確なパス、そしてどちらの足でも正確なシュートを放つ。シュートの威力という点では香川、ゲッツェよりも上だろう。

取り上げた2点目のシーンは、完全にムヒタリアンの個人技によるものだ。

右サイド深く侵入したグロスクロイツがサポートについたムヒタリアンにボールを預ける。ムヒタリアンはタッチライン方向に向いていて、マークもしっかりついている状態でパスを受けた。ムヒタリアンは相手から遠い右足で止め、体を入れている。そしてすぐに反転してマークを外し、同時に左足に持ち替えた。相手からボールをスクリーンしたままだ。そのままスピードを上げて横へドリブルしていった。

ムヒタリアンは右利きだが、このシーンでは最初のトラップ以外は終始左足でボールを扱っている。両足を自由に使えるのは彼の特徴だ。速いドリブル、細かいボールタッチ、そしてボールと相手の間に体が入っているので相手はタックルできない。そのまま相手と

グロスクロイツからのパスを、ムヒタリアンは相手から遠い右足で止め、体を入れている。
そしてすぐに反転してマークを外し、同時に左足に持ち替えた。
相手からボールをスクリーンしたままスピードを上げてドリブルしていった。

並走しながら、ファーサイドへ左足のミドルをピシャリと打ち込んでしまった。

この試合の先制点もムヒタリアンの左足から生まれている。相手陣内でブワシュコフスキがボールを奪い、パス1本でムヒタリアンのシュートへつなげたのはドルトムントらしいが、いったん相手に体を当てて体勢を崩させ、来たボールを左足で合わせて冷静にGKの反応できない場所へ流し込んだ。

ドルトムントにはレバンドフスキというフィジカルと得点感覚に優れたストライカーがいる。しかし、1トップに依存しすぎるのも危険だ。トップ下にも得点力のある選手が必要で、ムヒタリアンのように何もないところからゴールを生み出してくれる特別な選手はやはり不可欠なのだ。走る選手を中心に編成し、それを戦術の軸に据えているドルトムントだが、それゆえに違いを作れる存在は貴重であり、そこにブレイク前の逸材を3人続けて持ってきたスカウティングの力は大したものである。

technique 39

アーセナル着地寸前の足でのシュート

［アーセナルVSトッテナム　23分］

中盤でボールをキープしたラムジーからロシツキーへパス、さらに中央からペナルティーエリア右へ流れたウォルコットにボールが渡る。ウォルコットはGKとDFの間のスペースへ低いクロスを入れ、走り込んだジルーが合わせてゴール。

２０１３―１４プレミアリーグ第４節、アーセナルとトッテナムのノース・ロンドン・ダービーの決勝点がジルーのシュートだった。低くて速いクロスボールをどうシュートするかのサンプルとなるシーンである。

ウォルコットがGKとDFの間へスピードのある低いクロスを入れたとき、ジルーはニアポストへ向けて走り込んでいた。ジルーにはドーソンがマークについていて、シュートコースへ体を投げ出していた。もし、ジルーが右足でシュートしていたら、たぶんドーソンにブロックされていただろう。ジルーは左足が利き足だ。このシーンで左を使ったのは利き足だったせいかもしれないが、最も早くボールに触れるのは左足だった。

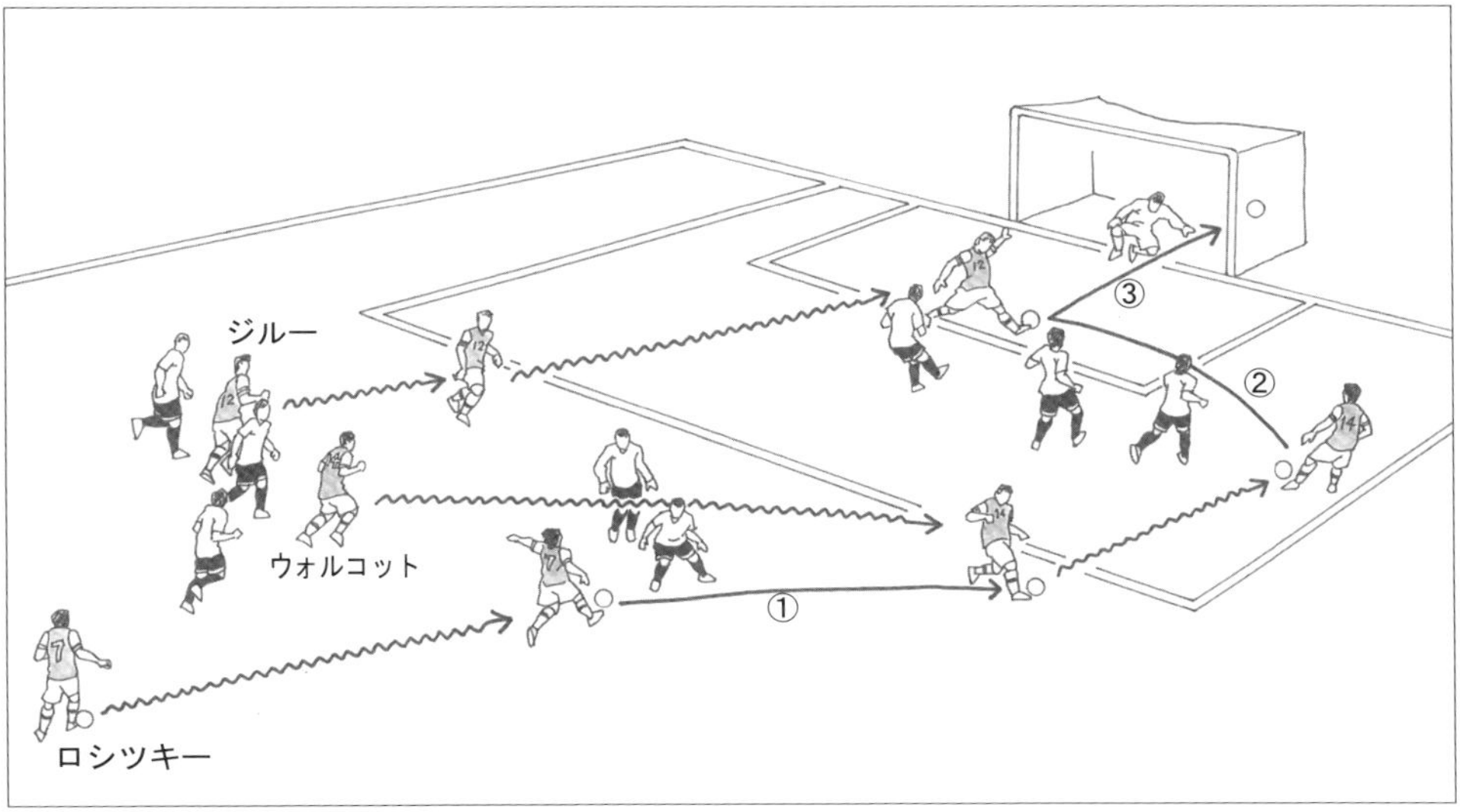

①パスを受けたロシツキーは右へ流れたウォルコットへパス。
②ウォルコットはドリブルで上がりGKとDFの間へ低いクロスを入れる。
③走り込んだジルーが左足のアウトサイドで合わせてゴール。

一般論として、低くて速いクロスをシュートする場合にありがちなのは、ボールの下を叩いて上げてしまうミスだ。プロの一流選手でも、ゴールから3メートルのシュートをバーの上に打ち上げてしまうことがある。まさかと思うが実際に起こっている。シュートを上げてしまうミスの原因はボールの下を叩いてしまうからだが、それはなるべく早くボールを蹴ろうとするからだ。アーリークロスへの飛び込みは、DFと競り合いながらになるケースが多い。走り勝っているとしても、シュートモーションに時間がかかると、この場面のドーソンのようにDFがシュートブロックのためにスライディングするので、それに引っかかってしまうかもしれない。シュートを打つ選手の心理としては、なるべく早く、DFよりも早くボールに触りたい。シュートブロックが間に合わないうちにシュートしてしまいたい。

そこでボールを引きつけてからシュートするのではなく、自分の体の中心より前にあるボールを叩く。そうするとボールの下を蹴りやすくなり、ボールが少しバウンドしたり、力の入れようによっては思い切りフケ上がってしまうのだ。

このシーンで、ジルーは左足のアウトサイドに当ててニアサイドを抜いている。アウトサイドでのシュートは、低くて速いクロスに向いている。まず、早いタイミングでシュートするのに都合がいい。適度に力を制御できる点もいい。ただ、アウトで蹴っても下を叩く可能性はある。ボールを上げないためにどうすればいいか。

インパクトの瞬間、ジルーの右足は地面から離れている。左足はボールをとらえているので、当然こちらも地面には着いていない。つまり、ボールをとらえた瞬間にジルーの両足は地面から浮いているわけだ。最も早くシュートできて、なおかつ浮かさないのが、この方法である。

右からのクロスに対して、ジルーはボールに寄せる最後の一歩で左足を思い切り伸ばす。右足は踏み切っているので地面には着いていない。そして左足のアウトサイドでボールに触れて方向を変える。この空中でボールをとらえる動作は難しく見えるかもしれないが、ドリブルやトラップのときには頻繁に行われているはずだ。アウトサイドではなくインサイドでシュートする場合でも、両足が地面に着いていない状態でシュートするとボールは浮きにくい。軸足を踏み込むキックと違って、蹴り足を振ることがないので自然とパワーを制御できるからだ。

ただし、シュート自体のスピードが落ちてしまう危険もある。ただボールに合わせるだけでは、トラップと大差ないのでシュートのスピードがなくなってしまうのだ。そこでインパクトの瞬間だけは、ボールの勢いに負けないように足首を固定して体重を乗せるように当てる必要がある。

この着地寸前の足でボールをとらえるシュートは、自分の体の前方にあるボールを叩くのにうってつけだ。スライディングシュートという手もあるけれども、野球でも滑るよりも走り抜けたほうが速いので、ファーストベースでのランではほとんどスライディングを使わないそうだ。

ジルーはシュートブロックにくるDFよりも早くボールに触るために、右足ではなく左足でのシュートを選択。さらにボールの下を叩いて上に浮かさないために、ジャンプしたままでボールをとらえた

technique 40

レアル・マドリード
浮き球のラストパスとシュート

［レアル・マドリードVSアスレティック・ビルバオ　26分］

右サイドのディマリアからベンゼマへの短い横パス、ベンゼマは中央へ切れ込みながらフワリとした浮き球のパスをディフェンスラインの裏へ落とし、オフサイドぎりぎりで抜け出したイスコがフリーで受けてゴール。

リーガ・エスパニョーラ第2節、レアル・マドリードがビルバオを3―1で下した。新加入のイスコは先制点と3点目をゲット、トップ下で躍動した。

このシーンで起点となったディマリアは、ベンゼマにパスした後、一気にビルバオのディフェンスラインの裏へ走っている。ベンゼマは中央へドリブルしながら左足でチップキック、ライン裏へ落とす。逆サイドにはイスコとロナウドがいて、ロナウドをマークしていた右サイドバックの位置が低かったためにイスコはオフサイドにならなかった。

イスコはビルバオの右センターバックと右サイドバックの間のスペースを抜けて裏へ出ている。右サイドバックはロナウドが気になっていたのか完全にイスコを外していて、センターバックはベンゼマのドリブ

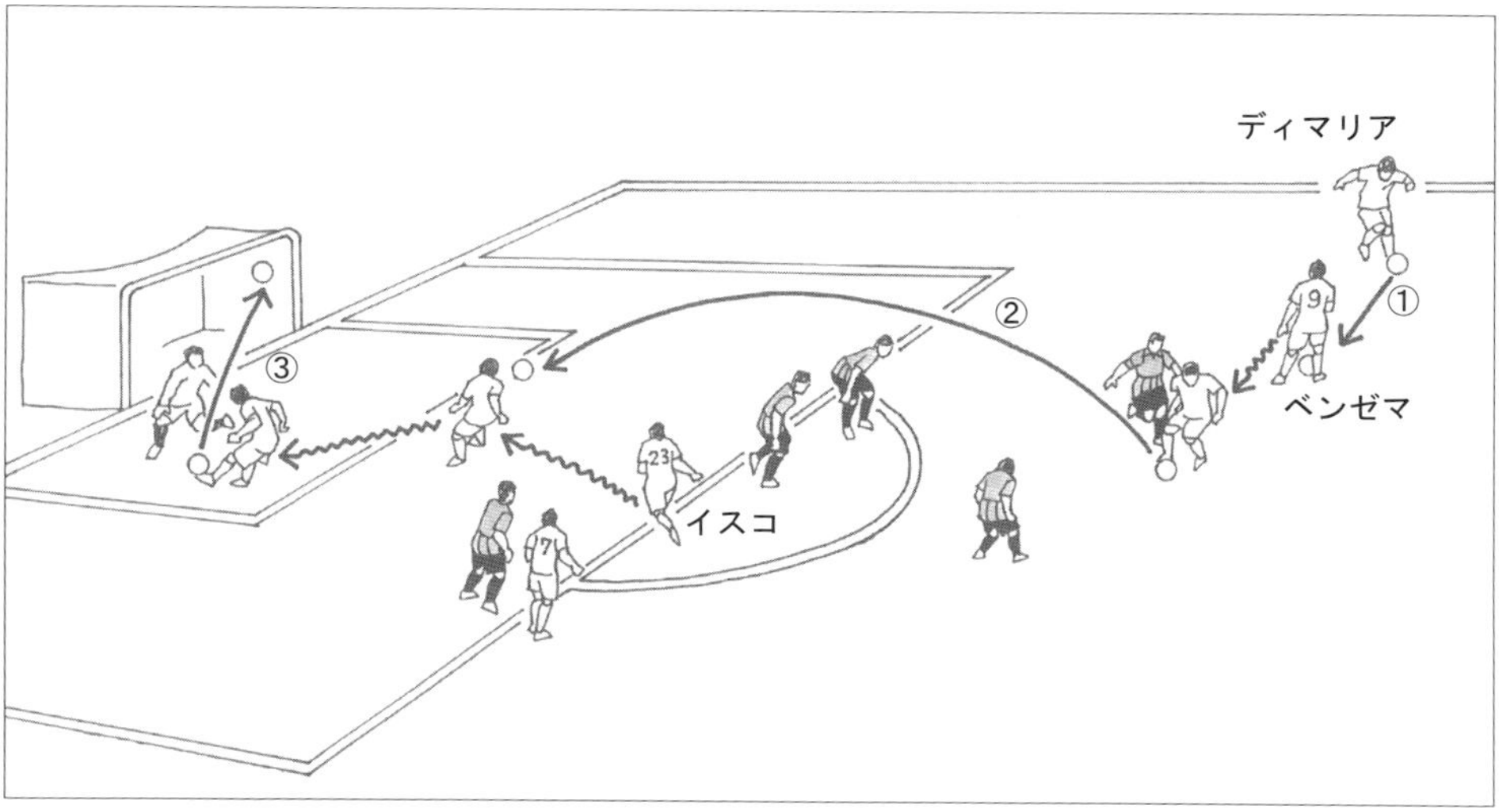

①右サイドのディマリアからベンゼマへの短いパス。
②ベンゼマは中央へ切れ込みながらフワリと浮き球のパスをDFの裏へ。
③オフサイドぎりぎりで抜け出したイスコがフリーでパスを受け、ＧＫのタイミングを外して、ＧＫの左側を抜くシュート。

ルを注視しているからイスコが見えていない。フリーになったイスコは浮き球を右足のインステップでコントロールして足下へ置く。ＧＫと1対1、ゴールエリアのすぐ外だった。

イスコは左足でシュートしかけてやめている。一呼吸遅らせてから、左足でシュートを決めた。左足のインサイドで角度をつけたシュートだった。最初のタイミングでシュートしていたらＧＫにセーブされたかもしれない。少なくてもイスコはそう感じたのだろう。至近距離なのでコースとスピードが良ければ十分得点になりうるのだが、シュートにおいてタイミングは非常に重要で、タイミングが合ってしまうとＧＫに反応されやすくなる。いったんシュートをやめたことで、ボールはイスコの左側へ流れている。少し角度は狭くなるが、キックフェイントを入れたことでＧＫの動きは止めている。至近距離から左足のインサイドで引っかけるように角度をつけ、ＧＫの左足側を抜いた。

ＧＫは右側へサイドステップで移動してからシュートをブロックするために腰を落とすから、まず左側に足は出ない。イスコはそれを見越して角度をつけて蹴った。ほぼＧＫの目の前なので、左足でキックモー

イスコは左足でシュートをしかけてやめた。この動きでキーパーの動きが止まり、キーパーのタイミングを外し、一呼吸おいてから左足で角度をつけてキーパーの左側を抜くシュートを打った。

ションに入った瞬間にＧＫはブロックの体勢を作るので精一杯、シュートの瞬間にボールを見ていない。左へ流れながらのシュートモーション自体が一種のキックフェイントになっているわけだ。

イスコはＧＫの残り足（左足）に当たらないように、少し浮かせてシュートしている。この点も最後まで周到で、抜かりのないゴールシーンだった。

technique 41

レアル・マドリードFKからのヘディングシュート

[レアル・マドリードVSアスレティック・ビルバオ　46分]

前半のロスタイム、右サイドのFKをディマリアが左足でインスイングのボールを蹴り、ロナウドがヘディングで合わせてゴール。

レアル・マドリードの2点目は典型的なFKからの得点だった。右サイドのFKをディマリアが左足でインスイングのボールを入れる。まず、このボールの質が良かった。コースはディフェンスラインの裏、ペナルティ・スポットとゴールエリアの間だ。このエリアへ蹴るとゴールの確率は高くなる。ただし、重要なのはコース以上にスピードだ。速いボールをこのエリアへ入れれば、ほぼ触るだけでゴールになる。逆に滞空時間が長いとDFに戻られてしまう。

このシーンのようにサイドからのクロスボールが予想されるFKに対しては、ビルバオがそうしたようにペナルティエリアのすぐ外にラインを作って構えることが多い。ビルバオは7人が横一線のラインを形成していた。キックの瞬間にラインを下げて、クロスを跳ね返す手順になる。この位置よりラインが高いと、裏のスペースが大きすぎる。しかし、これより低いと

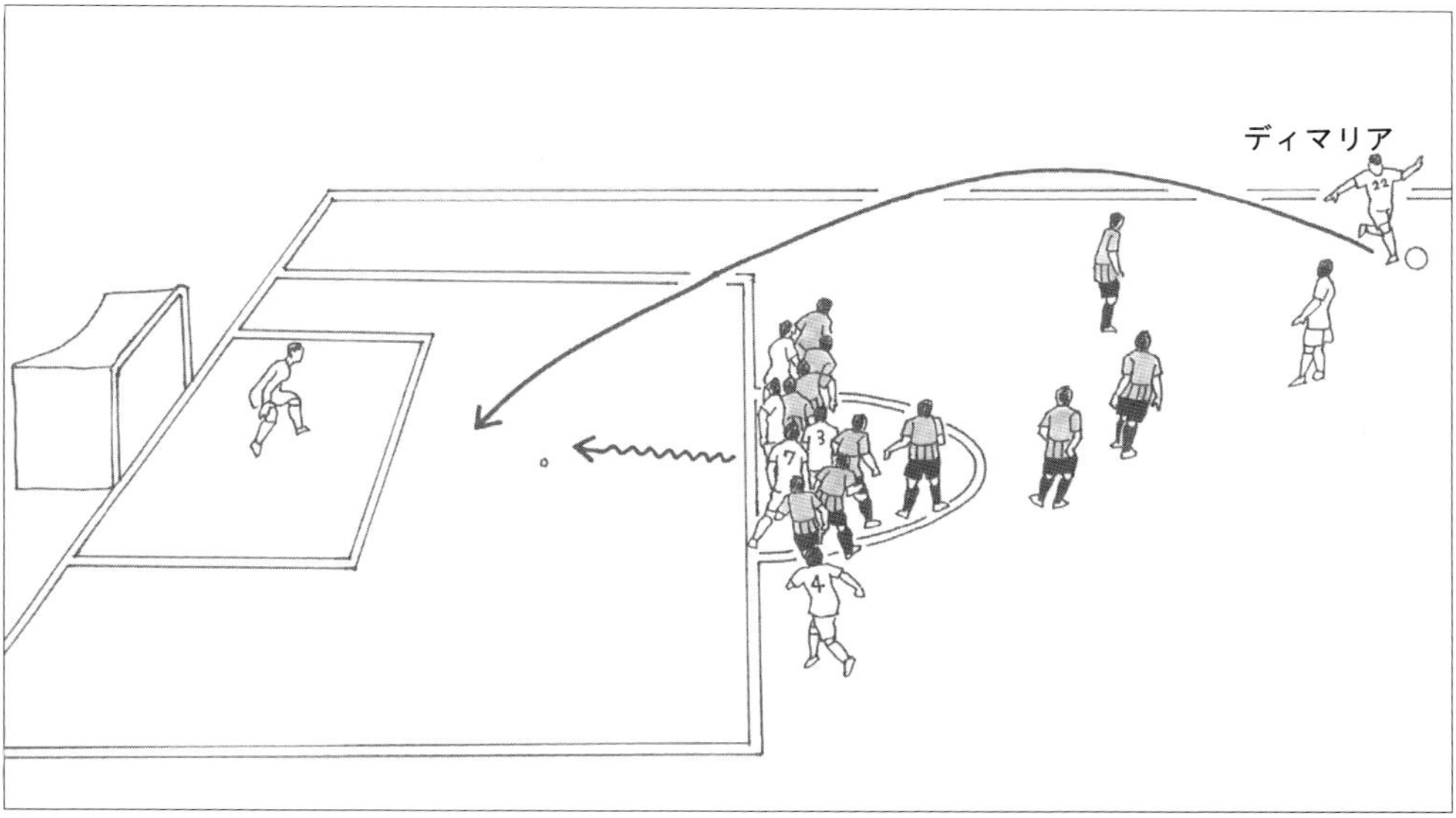

右サイドのフリーキック。ディマリアが左足でインスイングのボールをペナルティスポットとゴールエリアの間を狙って蹴る。

ゴールに近すぎて競り負けたときに危険が大きい。蹴られた瞬間にラインを下げれば、ペナルティ・スポットまでは戻れるので、それより手前に落ちてくるボールには対処できる。また、そこからヘディングシュートを打たれてもゴールまで11メートルの距離があるので、GKが反応する時間がある。また、クロスがゴールエリアまで飛んでしまえばGKの守備範囲になる。

つまり、逆にいえば守備側にとってのウイークポイントはペナルティ・スポットとゴールエリアの間に落ちてくるボールということになる。このエリアへ速いボールを蹴り込まれたら、そこまで戻りきれない。間に合ったとしてもぎりぎりなので、競り合いは攻撃側が有利になる。守備側は自陣ゴールへ動き、いったん止まってからボールへアプローチしなければならない。一方、攻撃側はゴール目指して走る勢いのままボールにアプローチできる。

ディマリアのボールは完璧だった。コースもスピードも申し分ない。レアルは当然そこを狙っているので、空中戦のエース3人（ペペ、ロナウド、セルヒオ・ラモス）がその場所めがけて走り込んでいる。ディマリアのクロスはペペを越え、ロナウドにピタリと合った。

ディマリアのフリーキックにあわせて、ペペ、ロナウド、セルヒオ・ラモスが飛び込み、ロナウドがヘディングシュートを決めた。

ロナウドはしっかり合わせて右ポストへ叩きつける完璧なヘディングシュートを決めている。

ただ、このシーンでロナウドはフリーになっていた。さらにロナウドの背後にいたセルヒオ・ラモスまでフリーなのだ。レアルの空中戦のエースを2人もフリーにしてしまったのはビルバオ守備陣の失策である。

ディマリアがキックする寸前に、ロナウドもセルヒオ・ラモスもビルバオの選手の背中に手を置いていた。少し押していたかもしれない。ただ、ファウルをとるほどのプッシングではなかった。結局、ロナウドとセルヒオ・ラモスの瞬発力にビルバオ守備陣が置いて行かれた格好なのだが、完全にマークを見失ってもいるので初歩的なエラーといっていいだろう。

technique 42

リバプール

ボールホルダーのヘッドダウンを待ってのパスカット

［リバプールVSマンチェスター・ユナイテッド　28分］

ファーディナンドから横パスを受けたキャリックがギグスへパス。しかしその間にいたジェラードがコースを読んで動きインタセプト。

プレミアリーグ第3節、リバプールとマンチェスター・ユナイテッドの一戦は序盤からハイテンポのプレミアらしい展開、このジェラードのパスカットは地味ながら駆け引きの上手さが光っていた。

マンチェスター・ユナイテッドは右タッチライン際にいたファーディナンドから、中央のキャリックに横パスをする。キャリックはコントロールして前方のギグスにパスを出したが、ジェラードが右足を伸ばしてインタセプトした。ジェラードはいったん停止して、守る気がないような雰囲気さえ漂わせていた。もちろんこれは擬態で、キャリックがキックする直前に急に右へ動いて見事にインタセプトに成功している。まるでキャリックがジェラードにパスしたのかと思えるぐらいきれいにカットした。

キャリックはジェラードとルーカスの間にギグスが見えていた。ギグスは右サイドにいたが中央へ移動し、ジェラードとルーカスの背後でリバプールのディフェンスラインの前でパスを受けようとしていた。ギグスが絶好のポジションに移動するのが見えたので、キャリックは当然そこを狙ったわけだ。ただ、ギグスまでは少し距離があるので強いパスを蹴らなければならない。途中でインタセプトされる危険のある距離である。ここでジェラードの擬態が効いている。ジェラードが止まっていたので、キャリックはジェラードの横を通過させてボールをギグスへ届けられると思ったのだ。しかし、ジェラードはわざと停止してパスを誘ったのであって、キャリックは罠にはまったといえる。

ジェラードは後方の状況を確認していない。ギグスが自分の後方で動いていることを目視していないのだが、キャリックのパスコースを読んでいた。コースを読んだうえで、そのパスコースを切るのではなく、いったんわざと動きを止めてキャリックにパスを出させている。もし、ジェラードが動きを止めずにギグスへのパスコースを遮断する気配を見せていたら、キャリックはギグスへのパスを躊躇したかもしれない。

では、なぜジェラードはキャリックのパスコースを読めていたのか。

後方は確認していない。とすると、キャリックの様子からコースを読み取ったに違いない。さらに、周囲の状況も重要な情報になっていただろう。キャリックの周辺にはユナイテッドの選手がいなかったが、キャリックの左側からはリバプールの選手が寄せてきていたので、すぐにパスを出すとすると中央から右方向になる。右サイドにいたユナイテッドの選手はキャリックにパスしたファーディナンドがいるが、ここにはスタリッジがプレスをかけた後、そのまま残っていた。ファーディナンドへのリターンパスはまずない。そこへ出されても問題ない。ファーディナンドの前方にはクレバリーがいる。しかし、ここはホセ・エンリケが抑えていて、ジェラード自身もクレバリーへのパスコースに近い位置にいた。そしてジェラードの周辺にユナイテッドの選手はいなかった。

つまり、ジェラードは自分の左側をケアする必要のない状況である。キャリックと自分の間には誰もいな

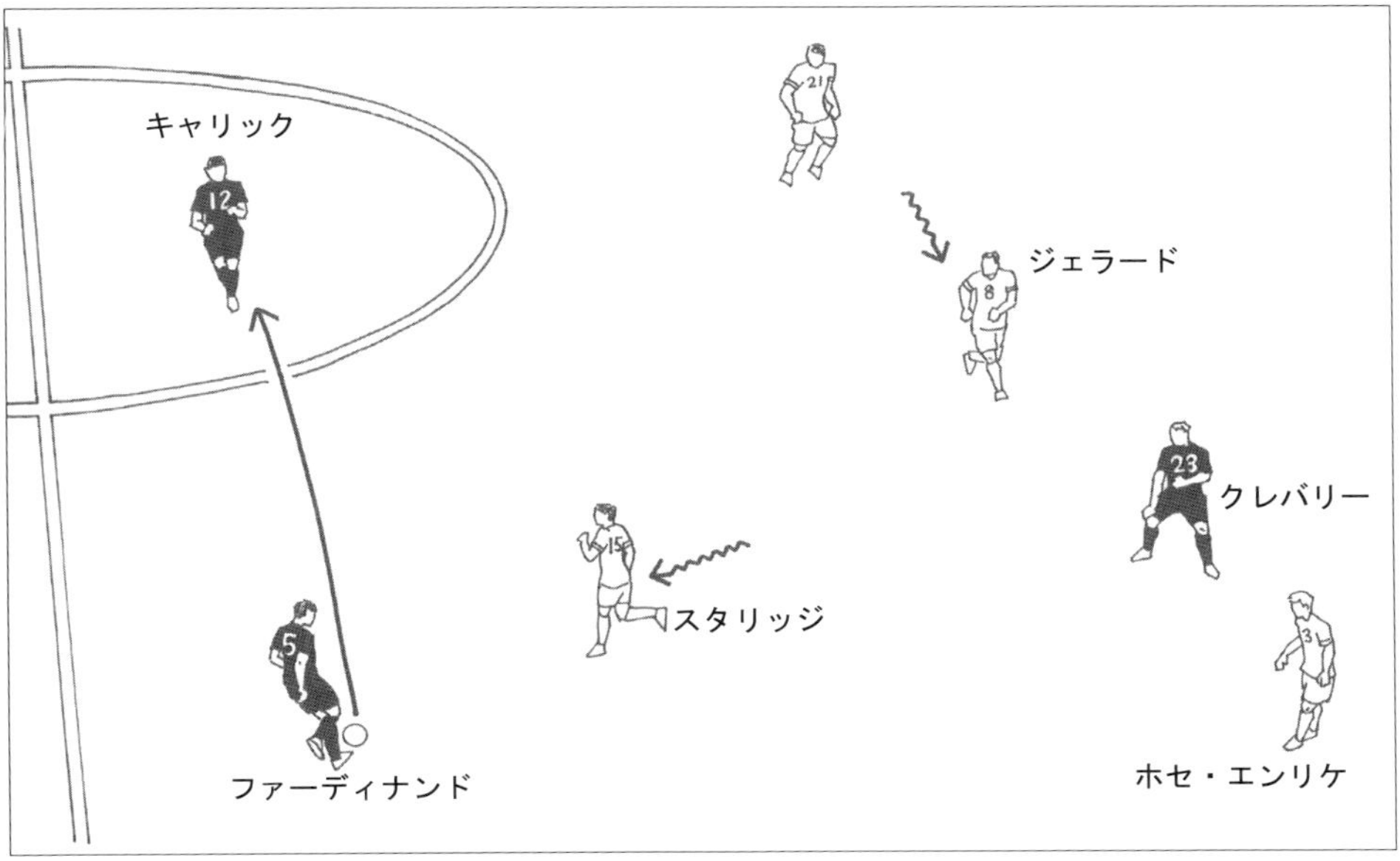

ファーディナンドから中央のキャリックへパスが出る。ジェラードは左方向へ移動。

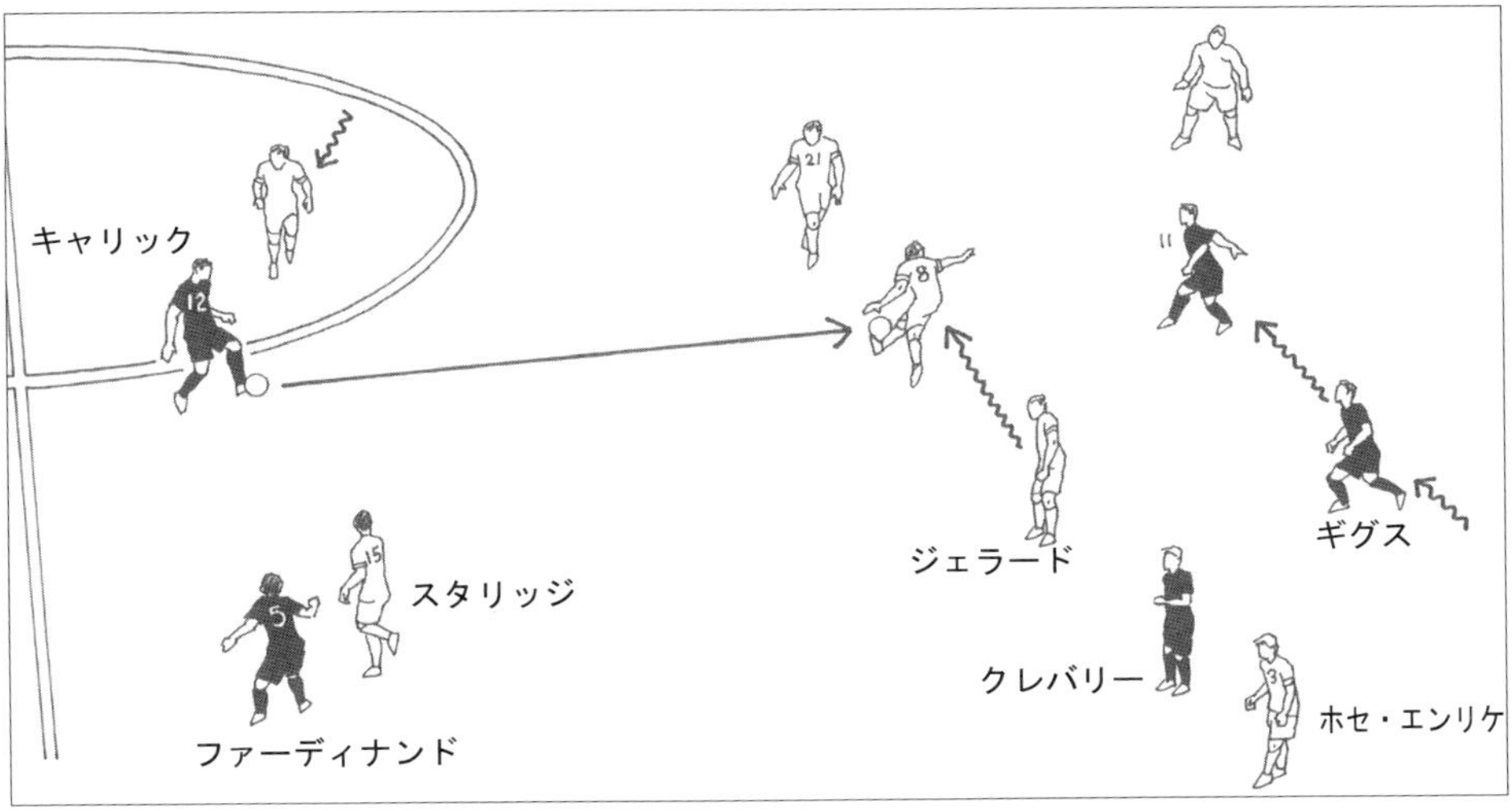

キャリックにリバプールの選手がプレス。ファーディナンドにはスタリッジがついている。
もしファーディナンドへパスが出たとしても、その前方のクレバリーはホセ・エンリケが抑えている。
ジェラードは左方向へ移動していたが足を止め、自分の後方にいるギグスへのパスを誘いパスカット。

い。この状況下で、キャリックの視線は自分の後方へ向けられていることを確認した。とすると、自分の背後へのパス、とくにクサビのパスを入れてくる可能性が高いとジェラードは予測できたのだろう。

パスコースを読み切った段階で、そのコースを遮断しなかったのはジェラードの高度な駆け引きである。左をケアする必要がなく、周辺にマークする相手もいなかったジェラードは、キャリックがドリブルで前進してきた場合に迎え撃つほかは、クサビのパスを阻止することがこの局面の任務だった。キャリックとは距離もあったのだから、ちらりと後方を確認してギグスを視野に入れ、キャリックとギグスの間に移動する動きをするだけで、クサビのパスは阻止できたはずだ。しかし、ジェラードはわざと気配を消した。動かないことでキャリックのギグスへのパスを誘導したのだ。

キャリックからギグスまでの距離は20メートル以上あった。ジェラードとの距離も10メートル以上。もしキャリックからジェラードまでの距離がもっと短かったら、ジェラードは普通にパスコースを切りに動いたと思う。距離が長めだったので、インタスプトのチャンスがあると感じたのだ。わざとギグスへのパスコースを空けたのはいいが、そこへパスを通されてしまったら元も子もない。この距離だから駆け引きが成立した。

もう1つのポイントは、キャリックのコントロールが少し浮いたこと。キャリックはファーディナンドのパスを左足でコントロールして右足側に置いたのだが、そのときに少しボールが浮いてしまった。そのためにキャリックはキックの際にヘッドダウンしてボールを注視している。パスの距離が長いために強いキックが必要だったせいもあるだろう。ただ、ボールが少し浮いていたためにヘッドダウンする時間がほんの少し長かった。ボールが落ち着くタイミングに合わせたのでキックの動作もやや緩慢になっていた。

もし、キャリックのファーストタッチが浮かなければ、もっと素早い動作でキックしていただろうし、あそこまでボールに注視することもなかった。ジェラードがヘッドダウンの瞬間を狙って動いてもパスカットは間に合わなかったかもしれないのだ。もちろん、ジェラードはキャリックのコントロールが浮いたのを見て、駆け引きを使うと決めている。ヘッドダウンすると確信したからこそ、パスコースを切らずにわざと停止した。キャリックがヘッドダウンしている間に動ければ、コース上に入ってカットできる余裕があると判断したわけだ。

つけ加えると、この試合でのマンチェスター・ユナイテッドの攻撃時の距離感はかなり遠かった。ボールホルダーから離れていく動きばかりで、素早く緻密なパスワークを使えるようなポジションをとっていない。ジェラードのパスカットのシーンにもそれが如実に表れていて、キャリックは半ば孤立している。ボールホルダーへのサポートがなく、パスの距離が長いので守備側は狙いやすい状況だった。

●著者紹介――

西部謙司（にしべ・けんじ）

一九六二年九月二十七日、東京都出身。学研『ストライカー』の編集記者を経て、〇二年からフリーランスとして活動。九五年から九八年までパリに在住し、ヨーロッパサッカーを中心に取材。現在は千葉市に住み、ジェフ千葉のファンを自認し、WEBスポーツナビゲーションでは「犬の生活」を連載中。週刊サッカーマガジン、フットボリスタなどにコラムを執筆中。『監督力』『技術力』（小社）、『戦術クロニクルⅠ』『戦術クロニクルⅡ』（カンゼン）、『戦術リストランテⅠ』『戦術リストランテⅡ』（ソル・メディア）ほか著書多数。

サッカーで大事なことは、すべてゲームの中にある

発行日　平成二十五年十一月二十五日　第一刷
著　者　西部謙司
発行者　津野　実
発行所　株式会社出版芸術社
〒一一二―〇〇一三
東京都文京区音羽一―十七―十四
電　話　〇三―三九四七―六〇七七
ＦＡＸ　〇三―三九四七―六〇七八
ＵＲＬ　http://www.spng.jp
e-mail　info@spng.jp
振　替　〇〇一七〇―四―五四六九一七
印刷所　近代美術株式会社
製本所　株式会社若林製本工場

ISBN 978-4-88293-455-4 C0075

上達・育成のヒントが満載

常識を超えれば夢は叶う
問いかけ、気づかせ、導くコーチング
永里正彦
四六判軽装　定価・本体1200円+税

サッカー素人の状態からコーチをはじめ、「なでしこ」の大儀見優季、永里亜紗乃、Jリーガーの永里源気を育てた著者が、子育て・指導を通じて身につけたコーチング論！

大分から世界へ
大分トリニータ・ユースの挑戦
ひぐらしひなつ
四六判軽装　定価・本体1000円+税

清武、西川、東、梅崎ら日本代表を輩出し続ける大分トリニータユースの試行錯誤の歩み、地域に根ざした育成の強み。現地在住の著者が描く現場に密着したドキュメント！

ボールのないところで勝負は決まる
湯浅健二
四六判軽装　定価・本体1500円+税

ルール、ポジション、戦術のメカニズム、監督の仕事など、ドイツ協会のプロコーチライセンスを持つ著者がQ&A形式でイラストを用いながらわかりやすく解説！

キッズサッカーQ&A
トムさんのサッカー
トム・バイヤー
四六判軽装　定価・本体1300円+税

TV東京「おはスタ」やコロコロコミックで大人気のサッカーコーチ・トムさんが、技術、練習方法、実戦のヒント、悩み相談などイラスト入りでアドバイス！

サッカー少年がみるみる育つ
有名校・強豪チームの現場に学ぶ超効果的指導法
鈴木智之
四六判軽装　定価・本体1200円+税

中学選手権・高校選手権優勝校や、プロ選手を輩出しているクラブで実践されている指導ノウハウの数々。今ある環境・設備で明日からすぐ実行できて、効果も抜群！

西部謙司の著書

サッカーがウマくなる!かもしれない本

西部謙司

四六判軽装　定価・本体1200円+税

世界中の名選手の技術・戦術、名将の哲学を分析。サッカーの繊細で奥深い領域に迫る! プレーの参考に、練習の励みに、サッカー談義のネタに、幅広く楽しめる一冊!

監督力

サッカー 名将の条件

西部謙司

四六判軽装　定価・本体1400円+税

ファーガソン、ヴェンゲル、リッピなど欧州強豪クラブの名将や、日本でもおなじみのオシム、ジーコなどの戦術・指導から、現代サッカーのチーム作りを読み解く!

技術力

サッカー 世界のスタープレーヤー

西部謙司

四六判軽装　定価・本体1400円+税

戦術、システムはもう飽きた。サッカーの原点・それは技術! ポジション別に世界トップクラスの選手の、技術・戦術・特長を分析する!

最も愛される監督・原博実

ヒロミズム

西部謙司

四六判軽装　定価・本体1000円+税

原博実が多くのサッカーファンから絶大な支持を誇るのはなぜか? サッカーへの情熱、プロ意識、育成手腕、勝負勘、決断力……監督、また人間としての原博実を分析!

南ア経由の羅針盤

西部謙司
倉敷保雄

四六判軽装　定価・本体1000円+税

南アフリカW杯の検証をもとに、サッカー界のこれからを二人の論客が語りつくす! 日本の戦い方の限界。いびつな育成環境。協会・Jリーグとファンの価値観の相違など。